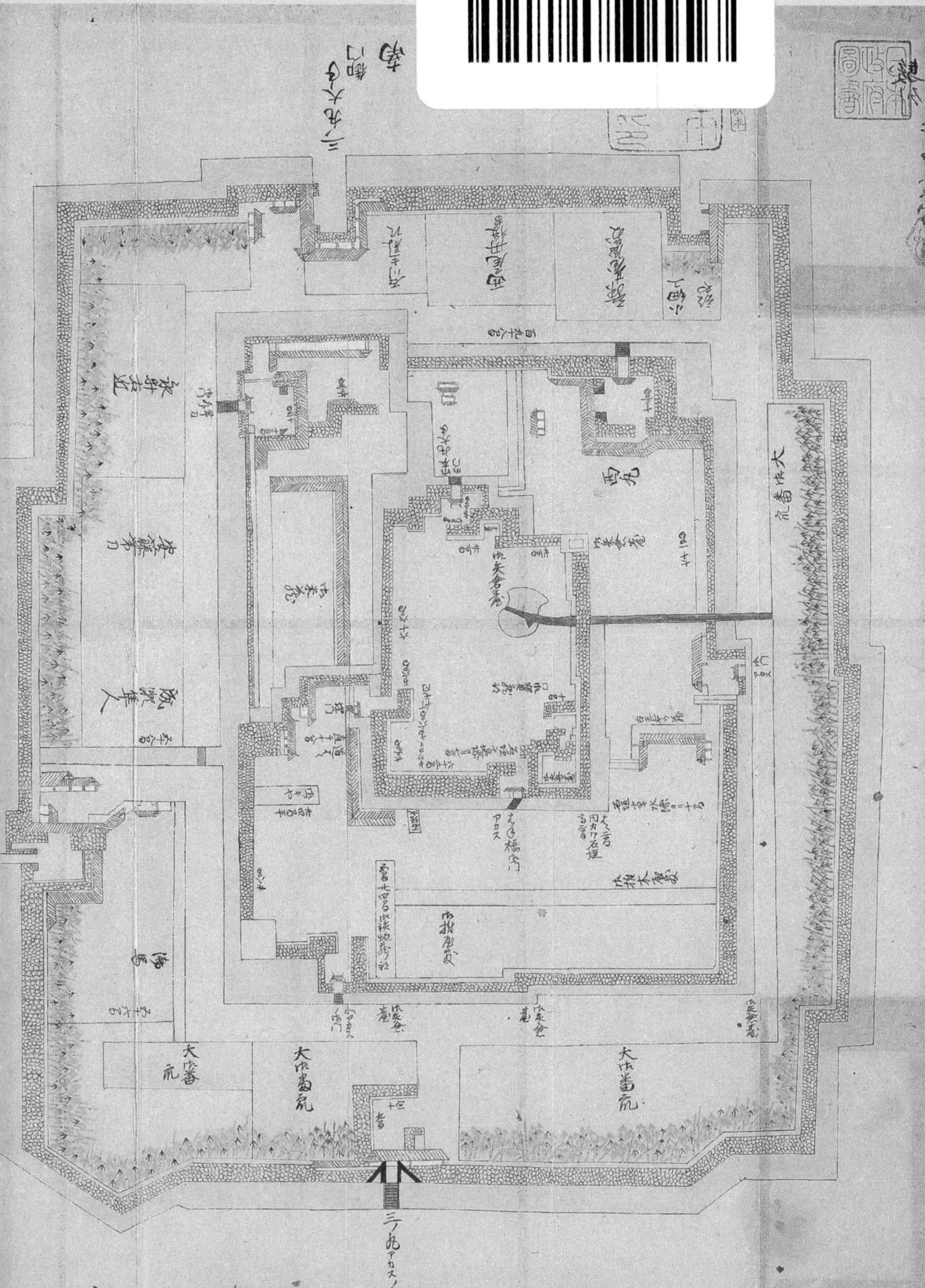
三ノ丸アカズノ門

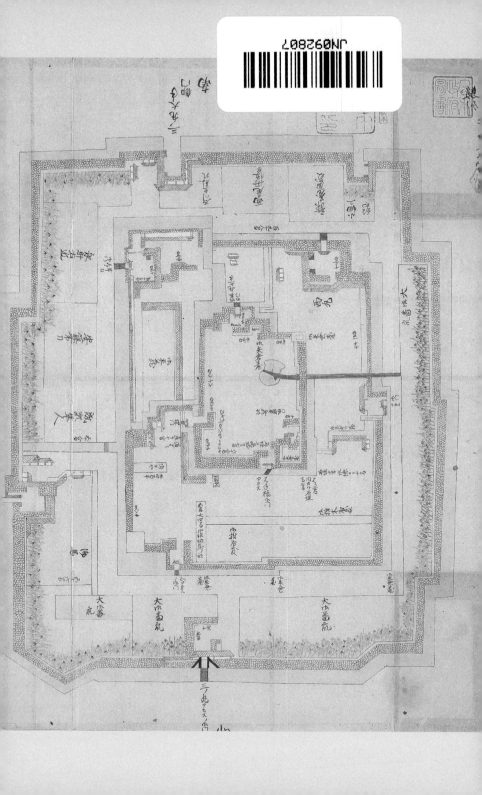

監修者——加藤友康／五味文彦／鈴木淳／高埜利彦

［**カバー表写真**］
関ヶ原合戦図屏風（部分）

［**カバー裏写真**］
木造徳川家康坐像

［扉写真］
「駿州府中城図」

日本史リブレット人046

徳川家康

時々を生き抜いた男

Fujii Joji
藤井讓治

目次

七四年を生きた家康

徳川家康（一五四二〜一六一六）、この名を知らない方はなかろう。誰もが、関《せき》ケ原《がはら》の戦いで勝利することで天下をとり、江戸幕府《えどばくふ》を開いた人物であることを知っていよう。

ところで、家康は、「忍従」「冷酷」「策士・狡猾」といった善悪両面のイメージがもたれている。「忍従」のイメージは、家康が今川《いまがわ》氏の人質から信長《のぶなが》・秀吉《ひでよし》に従い最終的に天下を安定させたという、長い苦難をともなった道のりからつくりだされたものである。「人の一生は重荷を負いて遠き道を行くがごとし、急ぐべからず」で始まる「東照宮御遺訓《とうしょうぐうごいくん》」▲によってこのイメージは一層定着していった。

▼「**東照宮御遺訓**」　家康が残したものとされるが、確証はない。また水戸光圀《みとみつくに》の作ともされるが、確固たる根拠はない。

「冷酷」というイメージは、妻である築山殿《つきやまどの》、嫡男の信康《のぶやす》、孫娘の夫である豊臣秀頼《とよとみひでより》の殺害がその背景の一つである。「策士・狡猾」のイメージは、関ヶ原の戦いでの小早川秀秋《こばやかわひであき》の寝返り画策、大坂の陣へとつながる方広寺《ほうこうじ》鐘銘《しょうめい》事件での策謀などに基づいている。

こうしたイメージは、近代になってつくりあげられたのではなく、江戸時代にはすでにみられるものである。明治維新《いしん》以後には、朝廷《ちょうてい》の抑圧体制をつくりあげた人物、戦後の高度成長期には、企業経営の視点から優れた組織者というイメージが加わった。

このようなイメージをつくりあげてきたのは、家康を「神君《しんくん》」とする流れのなかで、『東照社縁起《えんぎ》』▲をはじめとする編纂物や、みずからの戦功を記録するために書かれた覚書《おぼえがき》・軍記物《ぐんきもの》などである。本書は、こうした史料によらず、できるだけ古文書や日記などの一次史料を用いて、家康の一生を、天下人《てんかびと》への道という流れのなかで描くのではなく、七四年という長い生涯のその時々におかれ、また勝ちとった政治的位置、社会的位置に焦点をあてて、描いてみようと思う。

これをとおして、戦国から太平の世への展開を読みとっていただければ幸い

▼『**東照社縁起**』 家康の誕生から日光《にっこう》へ埋葬されるまでの一代記。三代将軍家光《いえみつ》の家康への思慕に従い、南光坊天海《なんこうぼうてんかい》が起草。書は青蓮院尊純《しょうれんいんそんじゅん》、画は狩野探幽《かのうたんゆう》。一六四〇(寛永《かんえい》十七)年に完成、日光東照宮に奉納(九三・一〇六ページ参照)。

である。

なお、本書を書くにあたっては、多くの先行の業績を利用し、また参考にさせていただいた。その一々にはふれえなかったが、主要なものは参考文献に掲げた。出典については特別なもの以外は明示しなかった。その多くは日本歴史学会編の拙著、人物叢書『徳川家康』を参照いただきたい。

親氏—泰親—信光—親忠—長忠（長親）—信忠—清康—広忠—**家康**

信忠の子：清康、信孝（三木）

家康の子：
- 信康
- 亀姫
- 督姫
- 秀康（越前松平）
- 秀忠
  - 千姫
  - 家光—家綱＝綱吉＝家宣—家継
  - 忠長
  - 和子
  - 正之（保科・会津松平）
- 忠吉
- 振姫
- 信吉
- 忠輝
- 義直（尾張徳川）
- 頼宣（紀伊徳川）
- 頼房（水戸徳川）

松平氏・徳川氏略系図

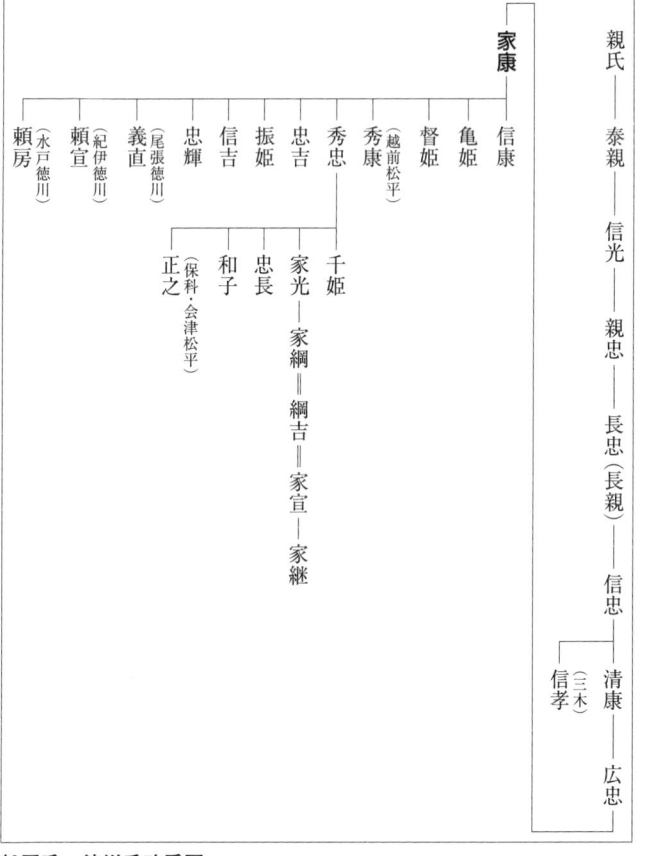

①——人質から客将へ——そして離反・独立

今川氏の人質

徳川家康は、一五四二(天文《てんぶん》十一)年十二月二十六日、松平《まつだいら》家▲の嫡男として三《み》河岡崎《かわおかざき》に生まれた。幼名は竹千代《たけちよ》(以下、家康と記す)。父松平広忠《ひろただ》▲は一七歳、当時岡崎城主、母於大《おだい》は一五歳、三河刈屋《かりや》(刈谷)城主水野忠政《みずのただまさ》の娘である。

一五四七(天文十六)年、六歳となった家康は、四九(同十八)年までの二年あまり尾張織田《おわりおだ》氏の人質となり、ついで織田氏と駿河今川《するがいまがわ》氏との人質交換で今川氏の人質となる。その後、一九歳となった一五六〇(永禄《えいろく》三)年の桶狭間《おけはざま》の戦い後に岡崎に帰還する。おおよそこの間を家康の人質時代ととらえてきた。

ここでは、元服《げんぷく》以降の家康の政治的位置に注目し、この時期の家康をみていくことにする。

一五四三(天文十二)年七月、母於大の父忠政が没し、信元《のぶもと》が跡を継いだ。信元はそれまでの今川方を離れ尾張の織田信秀《のぶひで》▲についたことで、今川方の広忠と敵対関係となったため、翌年九月、広忠は於大と離別し、刈屋に返した。この

▼**松平家**　中世後期、三河国で勢力をもった武士。三河加茂郡松平郷を本貫《ほんがん》の地とする。家康の時、姓を徳川と変える。一族に十八松平と称された三河以来の諸家があり、また江戸《えど》時代には外様《とざま》大大名にも松平姓があたえられた。

▼**松平広忠**　一五二六～四九。三河岡崎城主。家康の父。一時、伊勢《いせ》・遠江に流浪。今川義元の援助で岡崎に帰還。その後は今川方に属す。水野忠政の娘、於大と結婚。翌年家康誕生。忠政が死去し後嗣の信元が織田方に属したため、於大を離別。織田方の刺客岩松八弥に刺殺される。

▼**織田信秀**　一五一一～五二。織田信長の父。守護代《しゅごだい》織田家に仕える。尾張那古野《なごや》城主。尾張を平定し西三河に侵攻。ついで美濃斎《さい》藤道三《とうどうさん》を攻めるが敗れ、道三の娘濃姫《のうひめ》を信長に娶り和睦《わぼく》。その後も西三河で今川氏と対峙。

於大

▼今川義元　一五一九〜六〇。駿河の戦国大名。幼くして出家するが、のち還俗《げんぞく》して兄氏輝《うじてる》の跡を継ぎ、駿河・遠江を領し、のち三河を手中におさめた。一五六〇（永禄三）年、西上しようとするが五月十九日、織田信長に桶狭間で攻められ敗死。

時、家康は数え三歳であった。

一五四七年、織田信秀が三河に侵攻して安城《あんじょう》（安祥）城を攻略したため、広忠は今川義元《よしもと》▲に援助を求め、その証として家康を今川氏のもとに送った。ところが、家康は駿府《すんぷ》にいく途中、織田方についた三河田原《たわら》城主戸田康光《とだやすみつ》に奪われ、織田信秀のもとへ送られた。家康をえた信秀は、広忠に服属するよう迫るが、広忠は応じなかった。

一五四九年三月六日、広忠が岡崎城中で岩松八弥《いわまつはちや》に刺し殺される。父広忠の死により、実態はともかく家康は幼少ながら岡崎松平家の当主となる。

広忠死去の報に接した今川義元は、岡崎城を今川氏の保護下におき、織田信秀の子の津田信広《つだのぶひろ》が守る安城城を落とした。この時捕虜となった信広と家康との交換を条件に和議《わぎ》が結ばれ、家康は駿河の今川氏のもとに移された。

この出来事は、一般的には家康が今川氏の人質となったと位置づけられてきた。視点を変えてこの出来事を今川氏の側からみれば、幼少であれ岡崎松平家の当主である家康をみずからのもとにとどめおき確保することで、尾張の織田氏との戦いの最前線である西三河を今川氏の勢力下においたことになる。

元服と結婚

家康の政治的位置に変化がみられるのは、一五五五(天文二十四)年からである。この年の三月、一四歳となった家康は今川義元の加冠《かかん》、今川氏一家衆《いっかしゅう》関《せき》口氏純《ぐちうじずみ》▲の理髪で元服し、烏帽子親《えぼしおや》である義元の一字をあたえられ、「松平次郎三郎元信《もとのぶ》」と称した。この元服によって家康(元信)は、人質というより三河松平家の当主として今川氏に従う武将《ぶしょう》となる。そして家康はこの頃、関口氏純の娘(築山殿《つきやまどの》▲)を娶った。ここに今川氏との関係は一層深いものとなる。

元服直後の五月六日付で三河の淵上大工小法師《こぼうし》に宛てた松平家家中《かちゅう》の石川忠成《いしかわただなり》ほか五人の連署状《れんしょじょう》には「大工職の儀、相違あるべからずの由、元信(家康)より仰せ越され候あいだ、おのおの一筆遣し候」と見え、家康が松平家の当主として姿をみせる。

一五五六(弘治《こうじ》二)年六月、家康は、母於大が創建した三河岡崎の大仙寺《だいせんじ》に改めて寺地を寄進《きしん》し、殺生禁断、寺内《じない》・門前《もんぜん》の竹木伐採、祠堂徳政《しどうとくせい》▲の免許、諸役免除の特権を認め、翌年五月、三河額田《ぬかた》郡の高隆寺《こうりゅうじ》に、従来の寺領を安堵《あんど》し、竹木伐採の禁止を命じ、諸役免除などを認めた。

▼**関口氏純**　生没年不詳。今川氏の有力家臣、今川氏の一家衆。築山殿の父。

▼**築山殿**　?～一五七九。徳川家康の正室《せいしつ》。関口氏純の娘。家康の長男信康《のぶやす》の母。武田《たけだ》氏に内通したと信長から疑いをかけられ家康により殺害された。

▼**祠堂徳政**　死者の冥福を祈るために建てられた祠堂に寄進された金銭を貸しつけたが、それを徳政対象にすること。ここでは除外すること。

一五五八(弘治四)年三月、三河加茂《かも》郡足助《あすけ》の鈴木重直《すずきしげなお》に屋敷地の諸役を免除、七月、三河額田郡六所大明神《ろくしょだいみょうじん》神主の大竹善左衛門《おおたけぜんざえもん》にも諸役を免除した。そこでの署名は「元康《もとやす》」であり、この時までに元信から元康に改名したことが知られる。

一五五九(永禄《えいろく》二)年五月、家康は岡崎の家臣《かしん》に七カ条の定《さだめ》を出す。その内容は、公事《くじ》(訴訟)裁許の日限に不平を述べることを禁じ、駿府在の元康の裁断に従うこと、奉公《ほうこう》をおろそかにする者は改易《かいえき》、万事おのおの分別のこと、おのおのへ相談なく印判状《いんぱんじょう》を出すことの禁止、公事場での助言、喧嘩口論《けんかこうろん》時の贔屓《ひいき》禁止などである。同年十一月には三河碧海《へきかい》郡大浜《おおはま》の七カ寺に寺領を、同じ大浜の熊野《くまの》社には社領を、あらたに寄進した。

このように家康は、駿府に居をおきながら岡崎に残された松平氏の家臣への定や寺社への寄進など、本領の支配を進めている。これらは、西三河において岡崎松平家が、この地の領主であることを主張・宣言するものともいえる。

一五五八年二月、義元に命じられ岡崎に帰り、三河加茂郡寺部《てらべ》城の鈴木重辰《しげとき》を攻めた。これが家康の初陣《ういじん》とされる。一五六〇(永禄三)年五月の義元の駿河出陣に先立ち、家康はその先鋒として駿府を発つ。本隊は駿河の藤枝《ふじえだ》、遠江《とおとうみ》の掛川《かけがわ》・浜松《はままつ》、三河の吉田《よしだ》・岡崎・知立《ちりゅう》へと軍を進める。一方、家康は十八日に今川方の尾張知多《ちた》郡大高城《おおだか》への兵糧《ひょうろう》入れ▲を果たし、十九日夜明け前には丸根《まるね》の砦《とりで》を攻め落とし、大高城に入った。

このように在駿府の後半には、家康は単なる人質ではなく、在駿府ながら今川方の軍勢の一角を担う客将としての姿がそこにはみえる。

今川氏から離脱

一五六〇(永禄三)年五月十九日、尾張桶狭間で織田信長に攻められた今川義元は戦死する。世にいう桶狭間の戦いである。義元戦死の報を受けた家康は、その日の夜半に大高城を出て、翌二十日岡崎の大樹寺《だいじゅじ》▲に入り、二十三日には今川勢が引き上げるのを待って岡崎城に入ったという。

五月二十二日には、義元の死をいち早く家康に告げた浅井道忠《あさいみちただ》に、その忠節を賞し領知を宛行《あてが》った。六月三日には、三河碧海郡中島村の崇福寺《すうふくじ》境内に、山林竹木の伐採禁止、陣取・放火の禁止、殺生の禁止、諸役の免除、下馬《げば》を命じ

▼**兵糧入れ**　戦時下に味方の城に兵糧(軍糧)を入れること。

▼**大樹寺**　三河岡崎に所在。一四七五(文明《ぶんめい》七)年に松平親忠《ちかただ》が創建。徳川氏の菩提寺。家康の菩提所となる。

大高城跡

る五カ条の禁制《きんぜい》を出した。七月九日には、三河山中の法蔵寺《ほうぞうじ》に、寺領の本成《ほんなり》（年貢《ねんぐ》）は六〇俵とすること、寺内・門前の棟別《むねべつ》・陣僧《じんそう》▲などの諸役免除、薪取り・草刈りのために鉢底山へ寺内・門前の人馬が出入することの免許等々、寺領に関する定を出し、同日、守護《しゅご》不入、竹木の伐採禁止、陣取の禁止、殺生の禁断、下馬からなる定を出した。

八月には筧重成《かけいしげなり》に知多郡石瀬《いわせ》での戦功を賞し、翌年二月には大橋義重《おおはしよししげ》に三河額田郡坂崎《さかざき》郷で知行《ちぎょう》を宛行った。三月、家康は三河設楽《したら》郡の簗瀬《やなせ》家弘《いえひろ》らの帰参を認めて起請文《きしょうもん》▲を出し、二十五日には阿佐見金七郎《あさみきんしちろう》に徳政《とくせい》免除などの特権をあたえ、翌日には三河針崎《はりざき》での功を賞した。四月には深溝《ふこうず》松平家の康定《やすさだ》に、奔走を賞し三河宝飯《ほい》郡で知行一〇〇貫文《かんもん》を宛行い、また本領を安堵し、都筑右京進《きょうのしん》に三河東条《とうじょう》での忠節に対し、領知を宛行った。こうして家康は、西三河を着実に手中におさめていく。

桶狭間の戦い直後の岡崎城入城は、今川勢を戦いによって退城させてなしとげられたわけでもない。しかし、今川氏の客将から三河の大名への第一歩を記すことになった。

▼**陣僧**　戦場で戦死者をとむらい、また使者をつとめた。

▼**起請文**　嘘、偽りのないことを神に誓約した文書。

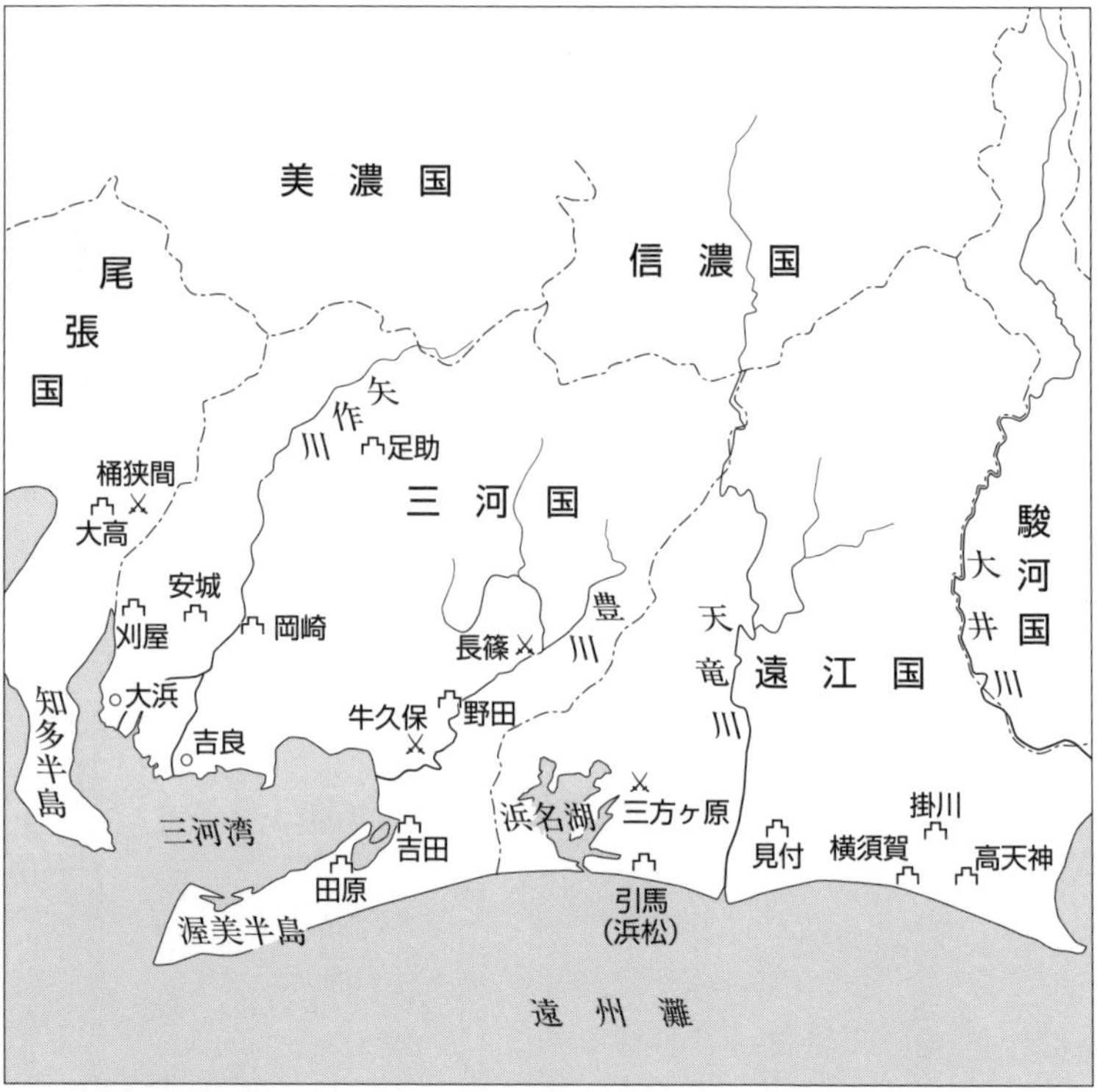
美濃国
信濃国
尾張国
矢作川
足助
三河国
駿河国
大井川
桶狭間
大高
安城
刈屋
岡崎
長篠
豊川
天竜川
遠江国
知多半島
大浜
吉良
牛久保
野田
三河湾
吉田
田原
渥美半島
浜名湖
三方ヶ原
引馬
(浜松)
見付
横須賀
掛川
高天神
遠州灘

三河・遠江関係地図

家康は一五六〇年六月三日、崇福寺内に禁制(九ページ参照)を出したのを皮切りに、自立した大名《だいみょう》として禁制を出し、また国人《こくじん》層を取り込んでいく。しかし、尾張桶狭間の戦いで義元を失ったとはいえ、戦いのあった一五六〇年から六四(永禄七)年三月頃まで、今川氏の勢力は三河に広くおよび、家康がすぐさま反今川を鮮明にする状況にはなかった。家康は、本心はともかく織田方とも今川方ともその立場を明らかにすることなく、みずからの地歩を固めていった。

家康の反今川の立場が鮮明になるのは、一五六一(永禄四)年四月十一日の三河牛久保《うしくぼ》での戦いへの軍勢派遣によってである。このことを聞いた今川氏真《うじざね》は、六月十一日付の判物で「今度松平蔵人《くろうど》(家康)敵対せしむのうえ、牛久保において馳走せしむ」と、また「今度松平蔵人(家康)逆心のところ」と記したように、氏真は家康が反今川となったことを、この時確信したといえる。今川氏からの離反、独立である。

ちょうどこの頃信長は、三河加茂郡の梅《うめ》が坪《つぼ》城、伊保《いぼ》城を攻め、麦苗を薙ぎ、帰陣している。

②—戦国大名から織田大名へ

書札礼にみる家康・信長関係

桶狭間《おけはざま》の戦い後、家康と信長《のぶなが》は同盟関係に入り、その後両者の関係は破綻することなく信長が本能寺《ほんのうじ》の変《へん》で横死するまで二一年間続いたとされることが多い。こうしたなか、この見方に平野明夫氏のように異を唱える研究者もあらわれた。氏が示された見方に注目し、この二一年のあいだ、家康と信長の関係は対等であったかを検討し、この時期の家康の姿、位置をみていく。

まず、信長と家康のあいだで交わされた書状に見える書札礼《しょさつれい》▲からこの間の両者の関係をみてみよう。信長は、足利義昭《あしかがよしあき》▲を奉じて上洛《じょうらく》した一五六八(永禄《えいろく》十一)年以降、家康に宛てた書状では多く黒印状《こくいんじょう》▲を用いており、信長のほうが一段上位にあったといえるが、その書止文言《かきとめもんごん》は「恐々謹言」と対等の形を残している。その後もこの形式は続き、天正《てんしょう》元(一五七三)年四月六日付で家康に宛てた信長の黒印状(一四ページ上)での宛名は「三河守《みかわのかみ》(家康)殿　進覧之候(これを進覧候)」、書止文言も「恐々謹言」であり、また、信長に宛てた翌年九月十三日付の

▼**書札礼**　書状などにおいて相手との上下関係をふまえた儀礼的書式。

▼**足利義昭**　一五三七～九七。室町《むろまち》幕府十五代将軍。はじめ興福《こうふく》寺一乗院《じいちじょういん》に入り、兄義輝が殺されると還俗《げんぞく》し、近江の和田《わだ》氏、越前の朝倉氏のもとに身をよせ、幕府再興を画策。一五六八(永禄十一)年信長に奉じられ入京し将軍となる。その後信長と対立し一五七三(天正元)年京都を追われる。

▼**黒印状**　印判状《いんばんじょう》には朱印状・黒印状があり、両者には礼の厚薄において決定的差はないが、花押《かおう》をすえた判物よりは薄礼。

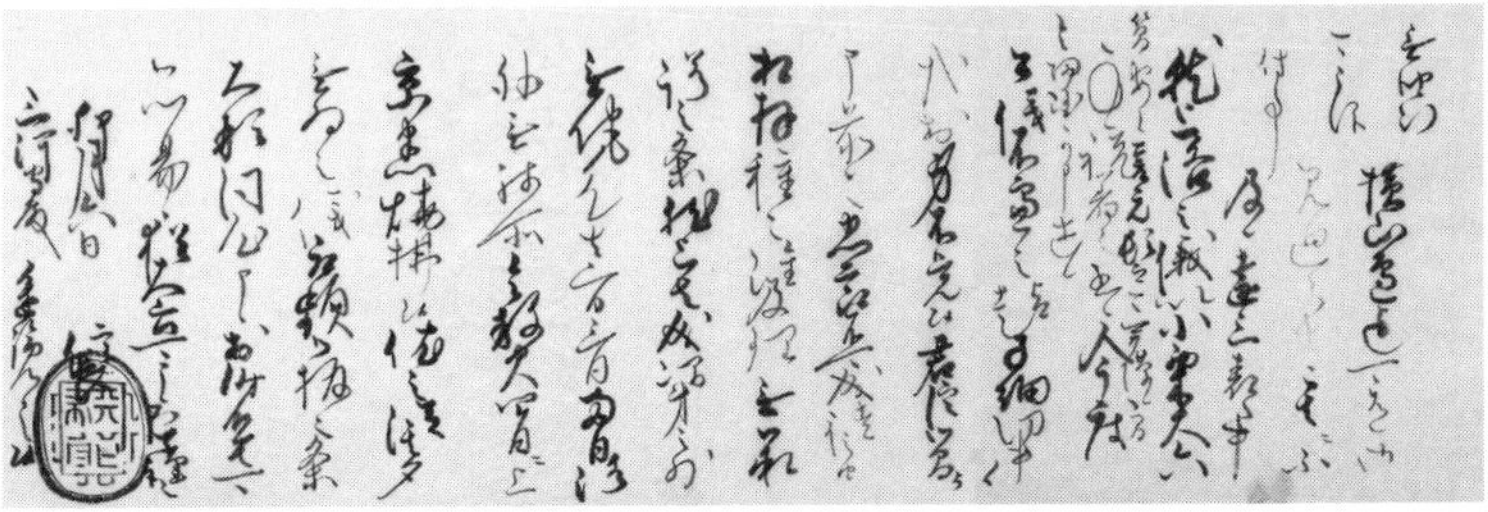

天正元(1573)年４月６日付徳川家康宛織田信長黒印状(影写本)

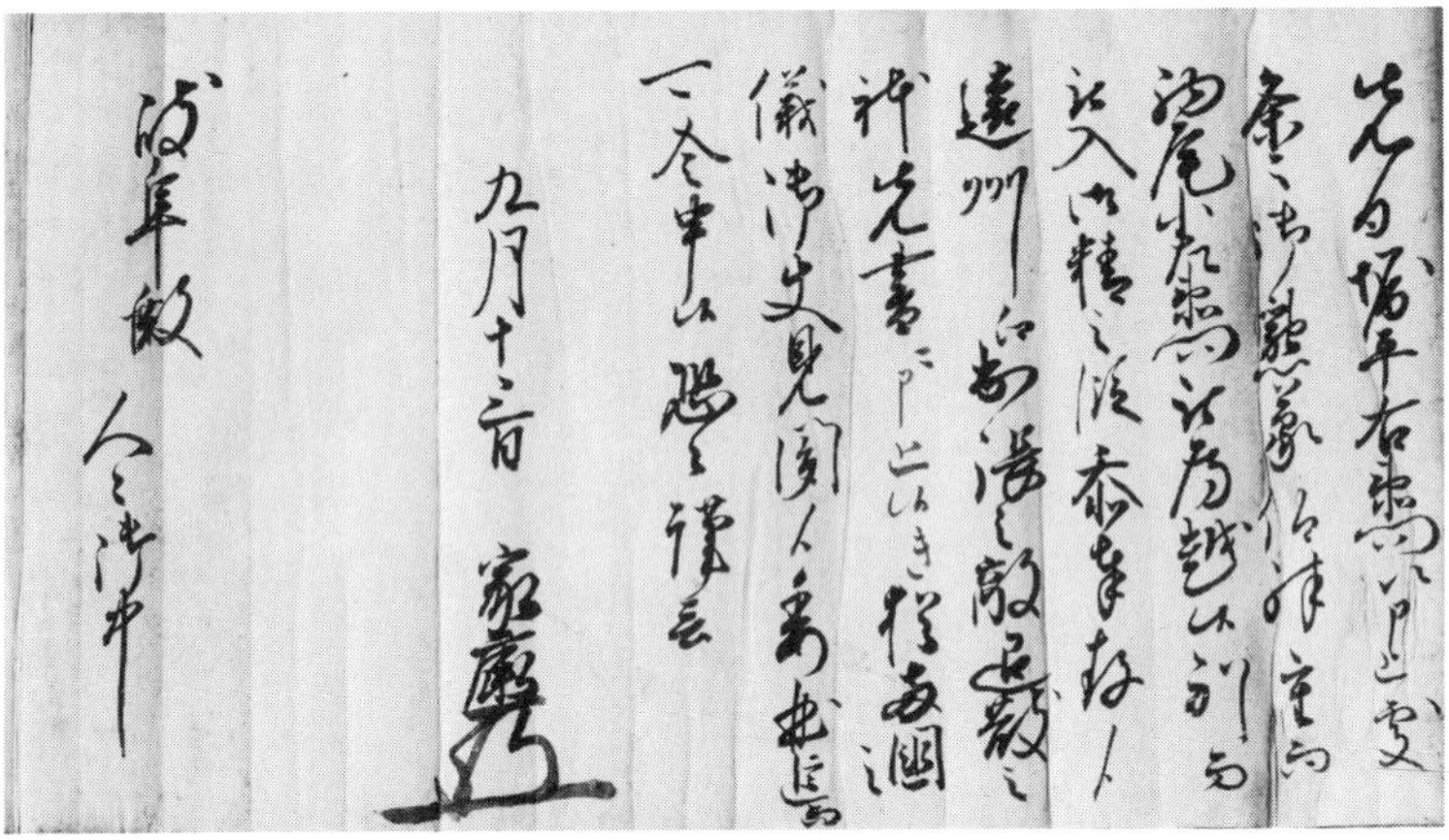

天正２(1574)年９月13日付織田信長宛徳川家康書状

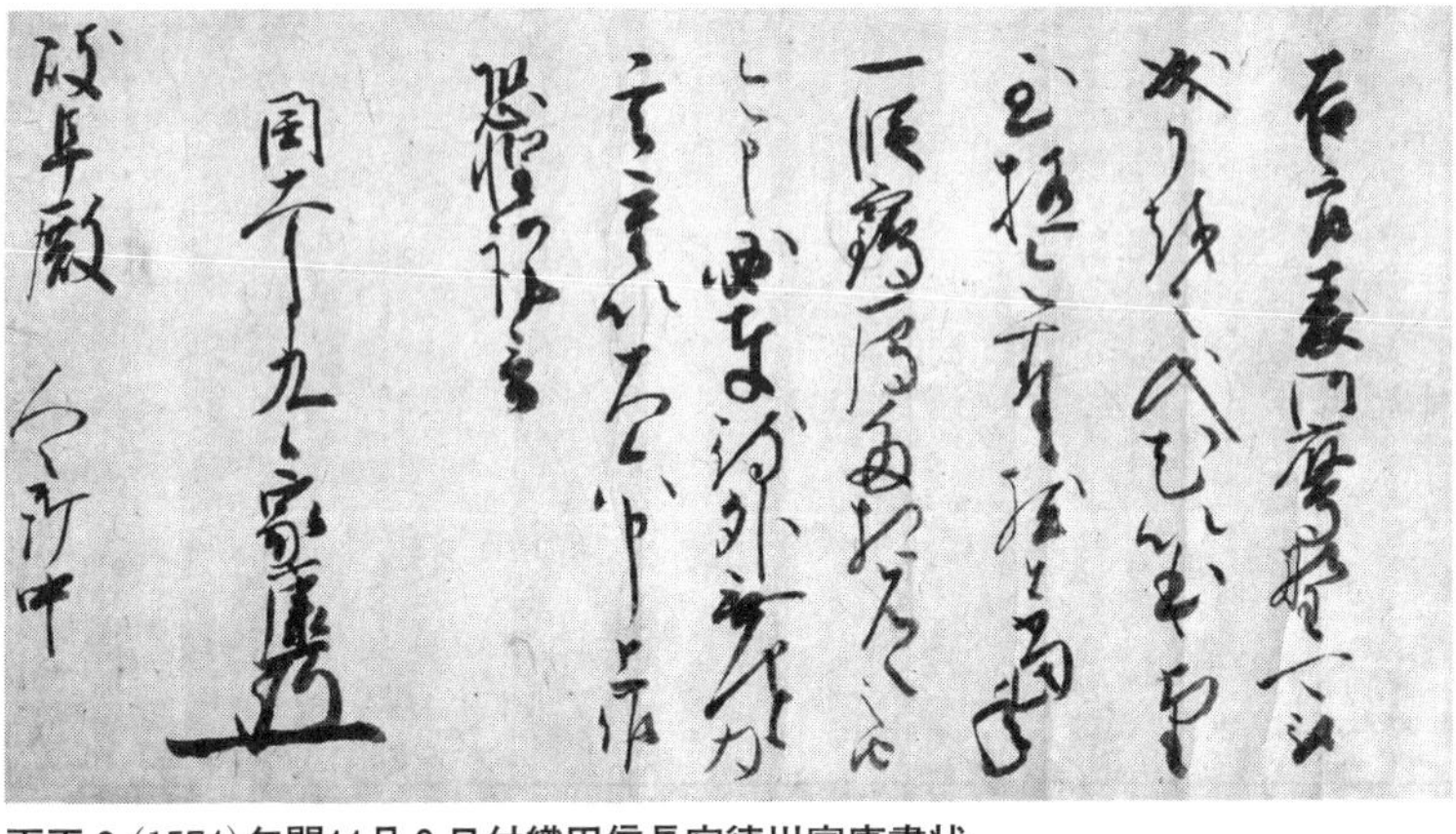

天正２(1574)年閏11月９日付織田信長宛徳川家康書状

家康書状(一四ページ中)では、「御懇《ねん》ごろの仰せを蒙《こうむ》り」など信長に対し丁重ではあるが、宛名は「岐阜殿(信長)人々御中」、書止文言も「恐々謹言」とほぼ対等である。

ところが、家康に宛てた天正二(一五七四)年十月二十四日付の信長黒印状では、宛名は「三河守殿」のみで脇付はなく、書止文言が「謹言」へと薄礼《はくれい》化し、さらに信長に宛てた同年閏《うるう》十一月九日付の家康書状(一四ページ下)の書止文言は「恐々謹言」より厚礼《こうれい》な「恐惶謹言」へと変化している。そこでは、両者の関係が上下関係へと転化している。いいかえれば一五七四年の冬には、信長が家康の上位に立ち、家康は信長に臣従《しんじゅう》したともいえる。この点をふまえて、桶狭間の戦い以降、本能寺の変で信長が死去するまでの時期を、家康と信長との関係に注目しつつ描いてみよう。

戦国大名徳川家康

信長と家康の同盟は、一五六二(永禄五)年正月に家康が清須《きよす》▲の信長のもとを訪れ、両者のあいだで結ばれたとされてきた。こうした理解は、江戸《えど》時代以来

▼清須　愛知県西部にある都市。戦国期には尾張の重要拠点。

のもので、東京大学史料編纂所編の『史料綜覧《しりょうそうらん》』▲永禄五年正月条に「松平元康《まつだいらもとやす》、尾張《おわり》清洲(清須)ニ赴キ、織田《おだ》信長ト盟約ス」とあり、さらに『徳川家康公伝』を一九六五(昭和四十)年に書いた中村孝也氏もそれに従い、いわば定説化している。『惣見記《そうけんき》』▲などの軍記物《ぐんきもの》や覚書《おぼえがき》によるこうした従来の見解に対し、平野明夫氏はその存在に疑義を呈し、また『愛知県史』通史編もその存在を肯定する立場をとっていない。こうした研究動向をふまえて、両者の関係をみていく。

①章で述べたように、家康は、桶狭間の戦い直後に岡崎《おかざき》城に入ってからも今《いま》川《がわ》方とも織田方とも旗幟《きし》を鮮明としていなかったが、先述したように、一五六一年四月十一日の三河牛久保《みかわうしくぼ》での戦いで反今川の姿勢を鮮明にする。

一方、信長側との交渉がどのようになされたかは、必ずしも明らかではないが、その後の展開からみれば、この頃両者がたがいの領地をおかさないとの取決めがなされたと思われる。この結果、信長は美濃《みの》への侵攻が可能となり、家康は今川と対峙しつつ三河統一へと進む条件ができた。

一五六一(永禄四)年四月以降も家康方と今川方とのあいだでの小競り合いは続き、六四(同七)年初めまでは今川方は東三河を押さえていたようである。一

▼**『史料綜覧』**　六国史《りっこくし》を継ぐ編年体の史料集『大日本史料』(東京大学史料編纂所編)の稿本に記載された綱文《こうぶん》と典拠を集成したもので、現在、一六三九(寛永《かんえい》十六)年までの分が刊行されている。

▼**『惣見記』**　遠山信春《とおやまのぶはる》編著。一七〇二(元禄《げんろく》十五)年成立、織田信長の一代記。小瀬甫庵《おぜほあん》の『信長《しんちょう》記《き》』をもとに編まれ、史実に潤色が加えられている。

▼**三河一向一揆**　一五六三(永禄六)年から六四(同七)年にかけて家康と戦った一向一揆。原因は、家康家臣による一向宗寺院の不《ふ》入権《にゅうけん》侵害にあったとされる。家康家臣団を二分する戦いで、一揆後、一向宗諸寺は破却され、坊主衆は西三河を退去した。

方、一五六三(永禄六)年末から六四年初めにかけて、三河一向一揆《いっこういっき》▲が起き、家康はその制圧に力を割かざるをえなかった。そして一五六四年三月頃ようやく一揆を終息させ西三河を制圧すると、東三河攻略へと乗りだし、翌年初めにはほぼ東三河を攻略、三河全体を平定した。この間、信長の側からはなんの助けも、また侵攻されることもなかった。この状態はしばらく続く。

　この頃、家康と将軍足利義輝《よしてる》▲との関係がみえるようになる。一五六一年初め、家康は義輝の求めに応じ、「早道馬《はやみちうま》」を献上した。この時の義輝からの礼状には進献の礼とともに、信長にも所望したがいまだ届いていない、と記されていた。また翌年正月には義輝から「関東の通路期《とき》に合わず」を理由に、今川氏真と家康との和睦《わぼく》が求められている。このように義輝から家康は、織田・今川などの戦国大名《だいみょう》と同列の大名とみなされている。

　家康は、永禄九(一五六六)年十二月二十九日付で従五位下《じゅごいげ》三河守に叙任《じょにん》される。この時の家康は、本姓を源《みなもと》とすることを希望するが、正親町《おおぎまち》天皇▲の意向にそわず、やむなく藤原《ふじわら》姓で叙任した。この時、徳川▲を名字とした。さらに翌年のうちに左京大夫《さきょうのだいぶ》に任じられ、殿上人《てんじょうびと》の扱いを受けた。しかしこの左京大

▲**足利義輝**　一五三六～六五。室町幕府十三代将軍。都《みやこ》での政争のなか近江各地ですごす。三好長慶《みよしながよし》らに擁立されいったん京都に帰るが、ふたたび近江朽木《くつき》に逃れ、そこで五年をすごす。帰洛《きらく》後は各地の戦国大名と修好《しゅうこう》し、権威の回復につとめた。長慶の死後、松永久通《まつながひさみち》らに急襲され自刃。

▲**正親町天皇**　一五一七～九三。在位一五五七～八六。名は方仁《みちひと》。践祚《せんそ》三年後に毛利元就《もうりもとなり》らの献金で即位礼を行う。戦国から織豊期《しょくほう》にかけて老獪な政治手腕を発揮。織田信長・豊臣秀吉《とよとみひでよし》の援助で朝廷の復興をはかる。

▲**徳川**　従五位下三河守叙任にあたって、松平姓では不都合で、叙任の根拠とされた系図に「得川」とあったものを、子細あって「徳川」と表記するようになった。

夫の官名は、朝廷《ちょうてい》・公家社会では使用され続けたが、家康自身は朝廷との関係以外では三河守を使用している。これは、三河を平定した家康にとって三河守を名乗ることのほうが、この段階では意味があったからであろう。

一五六七（永禄十）年五月、かねて約束されていた信長の娘徳姫《とくひめ》と家康の嫡男信康《のぶやす》▲との婚姻が実行されたことで、両者の同盟関係は強化される。西では信長との同盟関係にあるなか、家康は一五六九（永禄十二）年二月、甲斐《かい》の武田信《たけだしん》玄《げん》▲と同盟を結び（一五六八〈永禄十一〉年説もある）、三河の東、遠江《とおとうみ》への侵攻を開始する。

同年九月、信長が足利義昭を奉じて入京した際、家康自身はそれに従わなかったが、軍勢二〇〇〇が上洛軍に加わった、といわれている。

一五七〇（永禄十三）年正月、家康は信長から他の大名とともに「禁中《きんちゅう》の御修理、武家《ぶけ》（足利義昭）の御用」を理由に上洛し、義昭に礼をとるよう求められたのに応じ、三月五日上洛、四月には信長の要請に応じず上洛してこなかった越前《えちぜん》の朝《あさ》倉義景《くらよしかげ》▲を攻めるため、信長に従って越前にくだった。この越前攻めは、近江《おうみ》小谷《おだに》の浅井長政《あざいながまさ》▲の挙兵によって失敗に終る。一度京都から岡崎に戻った家康は、

▼**徳川信康**　一五五九〜七九。徳川家康の長男。母は築山殿。織田信長の娘徳姫と結婚。武田氏に内通したと信長から疑いをかけられ、切腹させられる。

▼**武田信玄**　一五二一〜七三。甲斐の戦国大名。名は晴信《はるのぶ》。父信《のぶ》虎《とら》を駿河に追放。南信濃を領国化し、北信濃では上杉謙信と対峙。その後、今川氏真を降し駿河を制圧。さらに遠江・三河に侵攻するも病に倒れる。

▼**朝倉義景**　一五三三〜七三。越前の戦国大名。一乗谷《いちじょうだに》を居城とする。一向一揆と対峙。浅井長政と結んで一五七〇（元亀元）年には信長の侵攻をしのぐが、近江姉川の戦いで敗北。その後、足利義昭に与するが、一五七三（天正元）年に信長に攻められ自刃。

六月、信長の浅井攻めに参加し、湖北の姉川《あねがわ》で浅井・朝倉連合軍を撃破する。

一五七〇(元亀《げんき》元)年八月、家康は武田信玄と絶縁し、越後《えちご》の上杉輝虎《うえすぎてるとら》(のちの謙信《けんしん》)と同盟を結んだ。同年九月、信長は摂津《せっつ》で本願寺《ほんがんじ》と戦うが、浅井長政・朝倉義景らが南近江に兵を進めたのを受けて、摂津から近江坂本《さかもと》へと兵を移した。この時浜松《はままつ》にいた家康は、義昭からの出陣要請を受け、十月二日までに京都東福寺《とうふくじ》・清水《きよみず》・粟田口《あわたぐち》辺りに着陣した。この浅井・朝倉との対峙は、義昭の仲介でひとまずおさまった。

こうした流れをみると、家康が信長の指示に従っていたともみえるが、いずれの時にも形だけとはいえ将軍足利義昭の求めを前提としている。

一五七一(元亀二)年五月、信長は伊勢長島《いせながしま》の一向一揆を、ついで八月に近江小谷城の浅井長政を攻め、九月四日には比叡山《ひえいざん》焼討ちを決行する。しかし、家康はいずれの軍事行動にも参陣していない。このようにこの時期の家康と信長の関係は、信長が上位にあって、家康を指揮するといった関係にはなく、力の差があるが、それぞれ独立した戦国大名であった。

▼**浅井長政**　一五四五〜七三。近江の戦国大名。妻は織田信長の妹お市《いち》。朝倉義景・本願寺と結んで信長に対抗するも、姉川の戦いで敗北。一五七三(天正元)年居城小谷城を攻められ自刃。

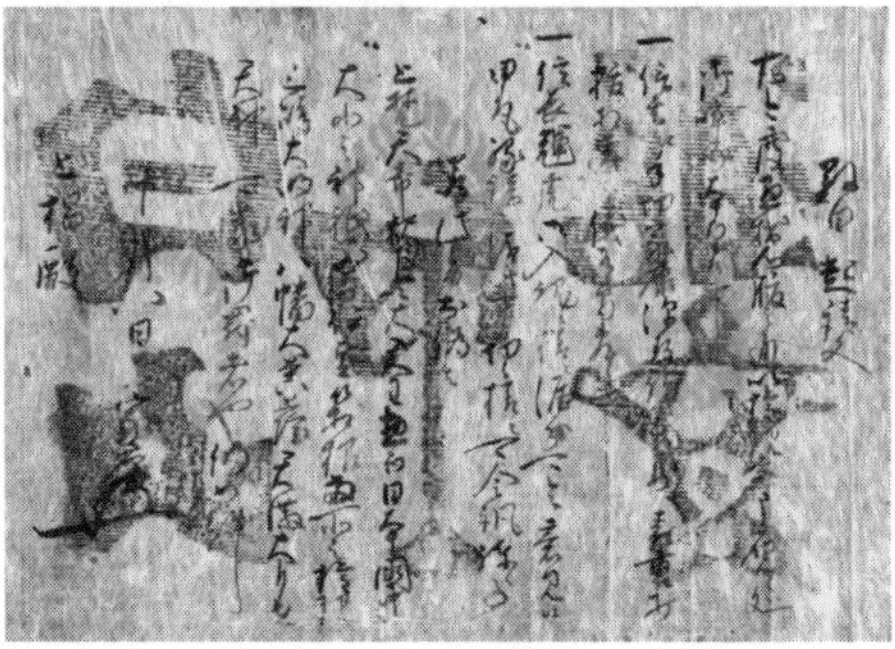

元亀元(一五七〇)年十月八日付徳川家康起請文　上杉輝虎との同盟にあたって取りかわされた。

高天神城跡

織田大名徳川家康

一五六九(永禄十二)年二月、信長は、家康より改年の祝儀《しゅうぎ》として鯉を贈られたことを謝すとともに、家康の遠江侵攻のための船については承知した、兵についても心置きなくいってくるように、と申し送った。信長が家康の軍事行動を援助した最初の事例である。

同年の秋より、家康は、遠江に侵攻するために遠江見付《みつけ》城の普請《ふしん》を始めていたが、信長の意見で見付城の普請を取り止め、一五七〇(元亀元)年六月には見付より西にある引馬《ひくま》城を改修し、九月十二日に入城した。この時、引馬の名を浜松と改めた。

一五七二(元亀三)年十月、武田信玄が遠江・三河に侵攻してきた。それに対し、信長は家康のもとに加勢を送る。一方、家康は、十二月二十二日、三方ケ《みかたが》原《はら》で武田軍を背後から襲うが、反撃され敗退、浜松へと帰った。翌一五七三(元亀四)年正月、なお三河に在陣した信玄は三河野田《のだ》城を攻めるが、家康は信長からの援軍とともにそれに対峙した。家康にとって幸いなことに、その直後信玄はわずらい、四月十二日に病没した。

一五七四(天正二)年五月、武田勝頼《かつより》▲が遠江に侵攻し、六月、家康方の高天神《たかてんじん》城が落とされた。この時、信長は、遠江浜名《はまな》郡今切《いまぎれ》まで軍を進めていたが、落城の報を受け、三河吉田《よしだ》城に引いた。家康が出馬を謝すため吉田に出向くが、信長からは兵糧《ひょうろう》代として二人で持ち上げるほどの黄金二袋が贈られた。これを『信長公記《しんちょうこうき》』▲は、「各耳目を驚かし、御威光斜めならざる次第、諸人感じ奉り訖《おわんぬ》」と記している。ここでの両者はもはや対等ではなく上下の関係であった、といえよう。九月十三日に家康が信長に送った書状(一四ページ中)は、書札礼としてはほぼ対等であるが、文中の文言は信長を立てるものとなっている。

さきに述べたように、信長から摂津伊丹《いたみ》城攻めのようすを報じた十月二十四日付の書状では、家康に対する書札礼はいちだん薄礼なものとなり、閏十一月九日付で三河吉良《きら》での鷹野《たかの》(鷹狩)に際して信長に申し送った家康の書状(一四ページ下)は、文末を「恐惶謹言」とするなど信長に対し厚礼なものであった。

このように、一五七一(元亀二)年以降、家康は信長の軍事行動には加わっていないが、他方、信長はことあるごとに家康に加勢した。そして高天神城の落城後の吉田城で信長が、家康へ大量の黄金を下賜《かし》したことで、事実上、両者の

▼**武田勝頼**　一五四六〜八二。甲斐の戦国大名。父は信玄。遠江に侵攻し徳川方の高天神城を攻略。一五七五(天正三)年の長篠の戦いで敗れるが、高天神城を確保し徳川家康と対峙する。しかし一五八一(天正九)年家康に奪回され、翌八二(同十)年信長に攻められ自刃。

▼**『信長公記』**　織田信長の事績を右筆《ゆうひつ》であった太田牛一《おおたぎゅういち》が編年的に記したもの。一五九八(慶長《けいちょう》三)年成立。

上下関係は明確なものとなった。

一五七五(天正三)年三月、信長は、武田氏との戦いに備えて兵糧を家康に贈り、五月十三日岐阜を発ち、岡崎で家康と合流し、合戦場《かっせんじょう》となる設楽《したら》郡有海原《あるみはら》に向かった。二十一日、武田勝頼の軍と激突、勝利をおさめた。世にいう長篠《ながしの》の戦いである。ここでも信長は家康の後詰という立場でこの戦いに臨むが、実質的には信長の指揮のもとに戦いは行われた。

長篠の戦いで武田氏に勝利したが、二年前に武田氏に奪われた高天神城は、依然として武田氏の手にあり、武田方の遠江侵攻の拠点となっていた。この高天神城をめぐる攻防が、一五七六(天正四)年から家康の手に落ちる八一(同九)年三月まで続く。

この間の信長との関係を拾ってみると、一五七八(天正六)年三月には信長が家康の以前からの誘いに応じ鷹野のために三河吉良を訪れている。この時のことを家康の家臣《かしん》である松平家忠《いえただ》▲はその日記に、家康を「様」をつけずに「家康」とするのに対し、信長については「御家門様御成《ごかもんさまおなり》」と記している。六月頃には家康は、信長に信濃《しなの》での武田勝頼の動向を報じ、信長からは勝頼の件はさしたるこ

▼**松平家忠**　一五五五〜一六〇〇。三河深溝《ふこうず》松平四代。徳川家康の家臣。甲斐武田氏との戦闘をはじめ多くの戦いに参陣。家康の関東入国の時、武蔵忍《おし》城主。関ケ原《せきがはら》の戦いでは、伏見城で戦うも西軍に攻められ自刃。一五七七(天正五)年から九四(文禄三)年までの日記を残す。

とはなかろうとの返書を受けとった。

一五七九(天正七)年八月に家康は正室の築山殿《つきやまどの》を殺害し、九月に嫡男信康を信長の意向を受けて自刃《じじん》させた。この一件の背景に何があったか諸説あるが、確定的なことはわかっていない。ただ、家康は、信康自刃までに何度か信長へ弁訴《べんそ》したようだが、信長の意向に従わざるをえなかった。両者のあいだの大きな危機となる事件でもあったが、事はともかくおさめられた。

家康は一五八一年の正月を高天神の陣場《じんば》で迎えた。正月四日、信長は高天神城攻撃に際し、水野《みずの》直盛《なおもり》・水野忠重《ただしげ》▲らを遠江横須賀《よこすか》城へ派遣し、二十五日に水野忠重へ高天神城攻めについて指示する朱印状《しゅいんじょう》を送った。そこには、高天神城から矢文《やぶみ》で助命と引きかえに高天神・滝坂《たきさか》・小山《こやま》の三城を明け渡すといってきたようだが、この提案は受け入れず、家康には長陣になっても信長の駿河・甲斐攻めを待つか、それとも高天神城攻めを続け、その後巻《うしろまき》として出陣してくる勝頼を迎え討って決着をつけるか、自分には分別しがたいので、水野からこのとおり家康に伝え、家康の家老《かろう》とも談合して決するように、とあった。

三月二十二日、家康は高天神城に総攻撃をかけ、それを落とした。これによ

▼**水野忠重**　一五四一〜一六〇〇。尾張緒川《おがわ》城主。はじめ徳川家康に仕えるが、のち織田信長から長兄信元《のぶもと》の旧領三河刈屋《かりや》をあたえられる。一五八五(天正十三)年秀吉に仕える。関ヶ原の戦いを前に三河知立《ちりゅう》で殺害される。

徳川信康

り遠江一国がほぼ家康の勢力下に入った。武田方に奪われてから七年の歳月がたっていた。

一五八二(天正十)年二月三日、家康は信長から甲斐武田攻めにあたって駿河口をまかされ、三月十日には甲斐に入った。十一日、織田方に攻められた勝頼は自刃。この日、家康はさきに甲府《こうふ》に入っていた織田信忠《のぶただ》▲のもとに出向いた。三月二十九日、信長は甲斐攻めの論功行賞を行い、河尻秀隆《かわじりひでたか》▲に甲斐を、滝川《たきがわ》一益《かずます》▲に上野《こうずけ》をあたえたのにならんで、家康に駿河をあたえた。信長は、甲斐を発ち、駿河・遠江・三河をとおり、安土《あづち》へと凱旋。この間、家康は各所で信長を丁重にもてなした。

このような軍事動員や領知の宛行のありようをみると、信長と家康の関係は同盟者というよりは、信長を上にあおぐ主従の関係である。いいかえれば、家康は織田大名の一人とみなせよう。

▼**織田信忠**　一五五七〜八二。織田信長の嫡男。一五七六(天正四)年信長が本拠を安土に移すにともない岐阜城主となる。信長に従って転戦。本能寺の変で明智光秀《あけちみつひで》に攻められ二条御所《にじょうごしょ》で自刃。

▼**河尻秀隆**　一五二七〜八二。尾張の人。織田信長に仕え、数々の戦陣に参陣。美濃勝山《かつやま》城主ついで美濃岩村《いわむら》城主。一五八二(天正十)年の信長の甲斐武田攻めでの戦功により甲斐四郡・信濃一郡をあたえられた。本能寺の変ののち、甲斐で一揆の攻撃を受け戦死。

▼**滝川一益**　一五二五〜八六。近江の人。織田信長に仕え、伊勢長島城主。甲斐武田攻めののち、信長から上野と信濃二郡をあたえられる。本能寺の変後、小田原北条《おだわらほうじょう》氏に攻められ長島に帰る。翌年、秀吉に対抗するも降伏。小牧《こまき》・長久手《ながくて》の戦いでは秀吉側に加わるが、家康に攻められ屈服。その後出家。

③——主をもたぬ大名——羽柴秀吉との攻防

本能寺の変

一五八二(天正《てんしょう》十)年五月十一日、家康は穴山梅雪《あなやまばいせつ》▲とともに浜松《はままつ》を発ち信長《のぶなが》の居城安土《あづち》に向かった。家康らを迎えた信長は、自身で御膳をすえるなどし、丁重に振舞い、家康に京・奈良・堺《さかい》を見物するよう勧めた。家康はこの勧めに従い、二十一日に京都、そして二十九日に堺に入った。六月一日は、茶会に明け暮れ、二日、堺を発ち上洛《じょうらく》の途にあった。

その途上で信長が明智光秀《あけちみつひで》に攻められ本能寺《ほんのうじ》で憤死したとの報を受け、山城《やましろ》宇治田原《うじたわら》、近江信楽《おうみしがらき》、伊賀柘植《いがつげ》、伊勢関《いせせき》・四日市《よっかいち》をへて、三河大浜《みかわおおはま》に着岸。遅くとも五日には岡崎《おかざき》城に入り、ようやく危機を脱した。同じように堺にいた穴山梅雪は、帰国途中に宇治田原で一揆《いっき》に殺された。

この逃避行は家康にとって大きな危機であったが、見方を変えれば、信長の死は、家康にとって「上様《うえさま》」の消滅を意味し、結果としてふたたび主をもたない大名《だいみょう》に家康は返り咲いたのである。

▼**穴山梅雪**　一五四一〜八二。甲斐武田氏の武将。武田氏の属城駿河江尻城主。信長の甲斐攻めの際、徳川家康に内通し信長方につく。本能寺の変直前、家康とともに安土や堺に遊ぶが、変後、帰国の途次に一揆に殺される。

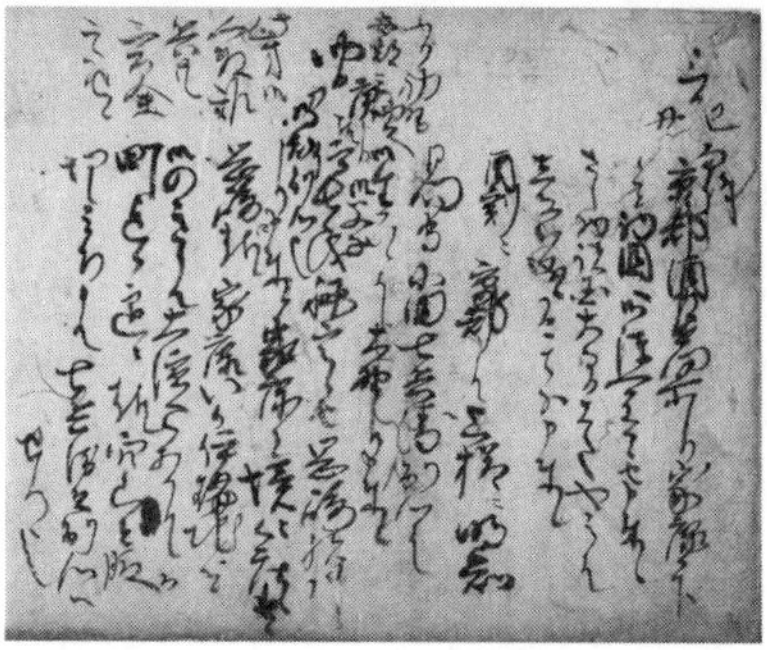

『家忠日記』天正十(一五八二)年六月三〜四日条　家康の逃避行のようすを描いている。

家康は、四日、近江日野《ひの》の蒲生賢秀《がもうかたひで》・氏郷《うじさと》▲からの報に応え、年来の信長から受けた厚恩を忘れがたいので、必ず光秀を成敗《せいばい》すると報じた。そして十四日、美濃《みの》の吉村氏吉《よしむらうじよし》らに、信長の弔い合戦《がっせん》のため上洛することとし、今日尾張鳴海《おわりなるみ》まで馬を進めたと報じるとともに、家康への尽力を求めた。

しかし、六月十三日に羽柴秀吉《はしばひでよし》が山崎《やまざき》の戦いで光秀を破ったとの報が、十九日、秀吉から送られた使者によってもたらされると、二十一日、家康は兵をおさめ、浜松に帰った。一方、二十七日には織田《おだ》氏の有力武将《ぶしょう》が清須《きよす》に会し、信長の跡を信長の嫡子信忠《のぶただ》の遺児三法師《さんぼうし》(のちの秀信《ひでのぶ》▲)とし、二男信雄《のぶかつ》▲は尾張を領し清須城に、三男信孝《のぶたか》は美濃を領し三法師を守り岐阜城にいることに決した。

この間、小田原《おだわら》の北条氏政《ほうじょううじまさ》▲は嫡子氏直《うじなお》▲を上野《こうずけ》に派遣し、厩橋《うまやばし》城にいた滝川《たきがわ》一益《かずます》を攻めた。六月十九日の戦いに敗れた一益は居城である伊勢長島《ながしま》に逃げ帰った。一方、北条勢は滝川勢の後を追い、碓氷《うすい》峠を越えて信濃小諸《しなのこもろ》に入り、さらに南下し甲斐《かい》に攻め入ろうとしていた。家康はこの動きに応じ、甲斐に向かった。

▼**蒲生氏郷**　一五五六〜九五。近江日野城主。幼くして織田氏の人質となり、のち信長の娘と結婚。小牧・長久手の戦いの戦功によって伊勢松ヶ島《まつがしま》(松坂《まつざか》)をあたえられる。小田原攻めののち、会津《あいづ》に転《てん》封《ぼう》となり七三万石を領す。文禄《ぶんろく》の役《えき》では肥前名護屋《ひぜんなごや》に参陣。

▼**織田秀信**　一五八〇〜一六〇五。豊臣秀吉に推され織田家の家督を継ぐ。一五九二(文禄元)年美濃岐阜城主。関ヶ原の戦いでは西軍に与し、戦い後、出家して高野《こうや》山《さん》に入る。

▼**織田信雄**　二八ページ参照。

▼**北条氏政**　一五三八〜九〇。相模《さがみ》の戦国大名。越後上杉氏・甲斐武田氏と戦い、また同盟を結ぶ。一五八〇(天正八)年家督を氏直に譲るが、なおも後見《こうけん》する。一五九〇(天正十八)年の豊臣秀吉の小田原攻めで降伏し、切腹を命じられる。

甲斐・信濃へ侵攻

一五八二(天正十)年六月以降、家康は甲斐の武将たちに本領安堵《ほんりょうあんど》を約束するなどして、侵攻のための地ならしのうえ、七月三日、浜松を出馬、駿河《するが》をとおり、九日に甲府へ着いた。

一方、甲斐にいた家康のもとに秀吉から七月七日付の書状が届けられ、信長の死去にともない信濃・甲斐・上野に信長がおいていた者がその地を離れ帰ってきた、ついてはこの三カ国を敵方に渡さないよう軍勢を遣わし、家康の手に属すよう命じられるのがもっともである、といってきた。この時の秀吉書状の書止文言《かきとめもんごん》は「恐惶謹言」、宛名は「家康様参　人々御中」と家康に対し厚礼《こうれい》であり、秀吉は家康をみずからの上位においている。

この間、上野沼田《ぬまた》を領した真田昌幸《さなだまさゆき》▲が北条氏から離れて家康方につき、関東の佐竹《さたけ》・結城《ゆうき》・宇都宮《うつのみや》氏らも家康と通じたことで、関東は争乱の状況に戻った。七月初旬から家康は甲府にいて、家臣《かしん》の酒井忠次《さかいただつぐ》を信濃へ派遣するとともに、その地の城主たちに領知安堵・新知宛行《しんちあてがい》などを約束するなどし、また南信濃の掌握を進めていった。

▼**北条氏直**　一五六二〜九一。相模の戦国大名。氏政の嫡子。室は徳川家康の娘。豊臣秀吉からの上洛催促に容易に応じず、また領土に関する秀吉の裁定を無視したことで攻められ、小田原城に籠城するも降伏。一命を助けられ高野山に追放される。のち秀吉から河内《かわち》で一万石をあたえられる。

▼**真田昌幸**　一五四七〜一六一一。信濃上田城主。甲斐武田氏滅亡後、織田信長・相模北条氏・越後上杉氏・豊臣秀吉・徳川家康に属すが、その間、時々に叛旗《はんき》をひるがえす。関ヶ原の戦いでは西軍に属し、上田城で徳川秀忠《ひでただ》の西上をとめる。

八月、信濃に侵攻していた北条氏直が南下し、諏訪高島城《すわたかしま》を包囲していた酒井忠次らを攻撃したため、忠次らは撤退。それを追って氏直の大軍が北から甲斐に迫り、氏直と家康は甲斐巨摩《こま》郡若神子《わかみこ》で対陣することになる。八〇日あまりの対陣は、十月二十九日にようやく和睦《わぼく》する。和睦では、北条方が占拠する信濃佐久《さく》郡と甲斐都留《つる》郡の徳川方への引渡し、上野は北条領とすること、両者での人質交換、家康の娘(督姫《とくひめ》)を氏直に嫁がせることが約束された。ここに北条氏と徳川氏の同盟があらたに成立する。

こうしたなか、十一月、家康の重臣石川数正《いしかわかずまさ》▲を介して秀吉から申入れがあった。内容は、柴田勝家《しばたかついえ》▲の画策で織田信孝が「御謀叛《むほん》」を企てたので、丹羽《にわ》長秀《ながひで》・池田恒興《いけだつねおき》・秀吉の三人が相談し、織田信雄▲を盛り立てることにほぼ固まった、家康が信雄に従うと決心した時にはいってきてほしい、というものであった。信雄を擁立することの承認を家康に求めてきたのである。

十二月、家康は甲斐を離れるが、それに際し、平岩親吉《ひらいわちかよし》▲を甲斐郡代《ぐんだい》とし、成《なる》瀬《せ》正一《まさかず》・日下部《くさかべ》定吉《さだよし》の二人を奉行《ぶぎょう》として残し、信濃佐久郡平定《へいてい》を大久保《おおくぼ》忠世《ただよ》にまかせた。

▼**石川数正**　?〜一五九二。家康の重臣。一五八五(天正十三)年家康のもとを去って豊臣秀吉に仕える。一五九〇(天正十八)年には信濃松本《まつもと》城主。

▼**柴田勝家**　?〜一五八三。織田信長の老臣。一五七五(天正三)年の越前一向《いっこう》一揆殲滅《せんめつ》後、越前をあたえられ北庄を居城とする。本能寺の変後、羽柴秀吉に対抗するが、賤ヶ岳の戦いに敗れ、北庄に戻り自刃。

▼**織田信雄**　一五五八〜一六三〇。父は織田信長。信長の命で伊勢北畠《きたばたけ》氏を継ぐが、のち織田に復す。本能寺の変後、尾張清須城主。小牧・長久手の戦いでは家康と結び秀吉と戦う。一五九〇(天正十八)年、家康の関東入部に際し家康の旧領への移封を秀吉から命じられるが拒否し、領知を奪われる。のち秀吉の御伽衆《おとぎしゅう》となる。

本能寺の変から半年のあいだに、家康は甲斐をほぼその手中におさめたが、信濃についてはその掌握はなおなかばであった。

二度目の甲斐仕置

一五八二(天正十)年末から、羽柴秀吉との行き来が活発化する。十二月、近江まで出陣したとの秀吉からの報を受け、その報に感謝するとともに、そのようすを知りたいので使者を派遣する、また秀吉の指示があればみずからも出勢《しゅつぜい》すると申し送った。一方、十二月十一日に近江佐和山《さわやま》に入った秀吉は、その北にある柴田勝家方の長浜《ながはま》城を攻略し、ついで織田信孝の岐阜城を攻めて降伏させ、信孝のもとにあった三法師を安土に移した。

家康は、一五八三(天正十一)年の閏《うるう》正月から四月にかけて、武田《たけだ》旧臣に再度甲斐の本領を安堵し、また新知をあたえている。

織田信雄の安土着城の報を信雄の老臣飯田半兵衛《いいだはんべえ》から受けとった家康は、閏正月五日、それを大慶《たいけい》と返書した。二月には毛利輝元《もうりてるもと》▲より足利義昭《あしかがよしあき》帰洛への助力を求められる。これに同意するものの「各《おのおの》次第《しだい》」と煮え切らない返答を送る。

▲**平岩親吉**　一五四二〜一六一一。家康の有力武将。上野厩橋城主。関ヶ原の戦い後、甲斐府中城主。家康の九男義直《よしなお》の付《つけ》家老となり、義直の尾張転封にともない尾張犬山《いぬやま》一二万三〇〇〇石に移る。義直を助け、清須・名古屋城で国政をみた。

▲**毛利輝元**　一五五三〜一六二五。安芸《あき》の戦国大名。中国地方へ侵攻した織田信長に抗戦。本能寺の変後、羽柴秀吉と和睦、その後、秀吉に臣従《しんじゅう》。九州島津《しまづ》攻め、朝鮮出兵に参陣。五大老《ごたいろう》の一人。関ヶ原の戦いでは西軍の総大将とされ、戦い後、領知を周防《すおう》・長門《ながと》に削られ、剃髪。

秀吉・信雄による伊勢滝川一益攻めのようす、また柴田攻めの情報を飯田半兵衛からえて、四月三日、みずからは信濃の逆徒退治のため、甲斐に出馬していると報じた。二十二日には秀吉に宛てて、柴田勝家の北近江への侵攻に対し秀吉がすぐさま長浜へ移ったと聞いたが、ようすを知りたいので飛脚《ひきゃく》を遣わした、また信濃が思うようになったのでやがて帰陣すると申し送った。なお秀吉は、四月二十日の賤ヶ岳《しずがたけ》の戦いに勝利し、そのまま越前府中《えちぜんふちゅう》に入り、二十三日北庄《きたのしょう》城を焼き払い、柴田勝家を自刃させた。

信濃を含め甲斐の仕置《しおき》が一段落したところで、家康は五月九日に甲斐より浜松に帰った。二十一日、賤ヶ岳の戦勝を祝うため、石川数正を秀吉のもとに遣わし、大名物《おおめいぶつ》▲の茶入れ初花肩衝《はつはなのかたつき》▲を贈った。それに応えてか、秀吉は八月六日に津田左馬《つださま》を遣わし、家康に不動国行《ふどうくにゆき》の刀を贈った。

八月十五日、さきに約束されていた督姫と北条氏直の祝言《しゅうげん》が行われた。二十四日家康は甲斐に向かった。三度目の甲斐出馬である。一カ月余りの甲府滞在中に、武田旧臣に本領安堵を行い、また替知・新知をあたえた。ここに甲斐での仕置がほぼ完了する。この甲斐でめしかかえた武田旧臣は、後年、徳川家臣

督姫

▼**大名物**　茶湯の道具のなかで、千利休《せんのりきゅう》以前に名をえた茶器。

▼**初花肩衝**　大名物の唐物《からもの》茶入れ。足利義政《よしまさ》が「初花」と名づけ、その後、織田信長・家康・豊臣秀吉・家康・松平忠直《ただなお》などをへて徳川将軍家のものとなる。

団の一翼となった。十月二日には甲府から駿河江尻《えじり》に移って、約四十数日滞在し、寺社領安堵を中心に駿河の仕置にあたった。

この頃家康は、みずからの手で北条氏と関東の諸領主との和睦を実現させると秀吉に伝えたようである。これに対し秀吉は、十月二十五日付の書状で、関東の「無事《ぶじ》(和平)」がいまだ実現していないのはどうしてか、何かと「無事」を引き延ばそうとする者があれば、家康と相談のうえ軍勢を出して成敗したい、といってきた。

秀吉の書状を受けて、十一月十五日に家康は、秀吉から「関東惣《そう》無事」についていってきた、よくよく考えたうえで返事をしてほしい、と北条氏直に求めた。この段階の家康と秀吉の関係は、たがいに牽制しつつも協調関係にあったが、秀吉からの要請は簡単には実現しなかった。そして翌年の小牧《こまき》・長久手《ながくて》の戦いで、秀吉と家康は敵対関係へと転じる。

小牧・長久手の戦い

一五八四(天正十二)年三月六日、織田信雄は、謀叛の企てがあるとの密告を

▼**佐々成政**　?〜一五八八。尾張の人。織田信長に仕え、一五八一(天正九)年越中富山城主。信長死後は柴田勝家、のち織田信雄に味方し豊臣秀吉に対抗するが、秀吉に攻められ降伏。一五八七(天正十五)年肥後《ひご》熊本をあたえられるが、仕置の不手際から一揆が起こり、その責任を問われ改易《かいえき》、翌年自害を命じられる。

▼**森長可**　一五五八〜八四。美濃金山《かねやま》城主。織田信長に仕え、伊勢長島一向一揆攻め、長篠《ながしの》の戦いなどで戦功をあげる。小牧・長久手の戦いでは羽柴秀吉に与するが、長久手で家康に攻められ戦死。

受けて老臣三人を切り、秀吉と断交した。一方家康は、翌七日戌刻《いぬのこく》(午後八時)、三河吉田《よしだ》を出陣、岡崎に入った。この対応の早さは、信雄と家康とのあいだであらかじめ約諾があったと推測される。家康は八日に岡崎を出発し、十三日には尾張清須に着き、信雄と会見した。

清須への途次、家康は、秀吉の「欲しいままの振舞《ふるまい》」につき、信雄と申しあわせ討ち果たすため出馬した、上方《かみがた》の治まりは遠くはないと思う、と北条氏直に報じた。秀吉との戦いは、家康の清須着陣前の三月九日に北伊勢で始まり、十日には信雄方の峯《みね》城が落されるなど、信雄方は劣勢であった。こうしたなか、家康は小田原の北条氏に援軍を求め、また越中《えっちゅう》の佐々成政《さっさなりまさ》▲にも働きかける。

一方、美濃では池田恒興・池田元助《もとすけ》・森長可《もりながよし》▲が秀吉方についたため、戦線は尾張・美濃へと移る。二十八日に家康は清須から小牧に陣を移した。

四月六日夜、秀吉の甥秀次《ひでつぐ》を主将に、池田恒興・森長可らの軍勢が家康の後方をおかすため三河に向けて動いた。それに気づいた家康は八日夜半に小牧を発ち、翌朝、秀次隊を急襲し、これを破った。長久手の戦いである。

家康は、戦い直後、国元の家臣に戦果を報じるとともに、すぐに上洛できるであろう、と報じた。この戦いでの大勝は、家康をして上洛へと気持ちを高ぶらせた。しかし、その後の展開は、家康の思うようにはならなかった。

五月一日、秀吉が尾張楽田《がくでん》から美濃へと陣を引くが、家康は小牧山を動かなかった。美濃に引いた秀吉は、美濃竹鼻《たけがはな》城の水攻めを開始し、六月十日には竹鼻城を落とした。一方、家康は六月十二日、小牧から清須へ戻った。その直後、秀吉についた滝川一益が信雄方の尾張蟹江《かにえ》城を攻め落としたとの報が家康のもとに届き、十六日清須を発し、七月三日にようやく蟹江城を奪還し、十三日に清須へ戻った。九月になると和睦が噂《うわさ》されるが、七日には破談となった。

こうしたなか正親町《おおぎまち》天皇は十月、それまで「平人《へいじん》」▲であった秀吉を、五位《ごい》少将《しょうしょう》に叙任《じょにん》しようとする。この叙任は実現しなかったが、これを聞いた秀吉はいちだんの機嫌であった。この時点で朝廷《ちょうてい》側は、秀吉優位と考えていたようだ。

家康は十月十七日にいったん浜松に帰り、翌月九日清須に戻った。しかし伊勢で秀吉の攻勢が強まるなか、十一日、伊勢桑名《くわな》南方の矢田河原《やたがわら》で、秀吉と信雄両者が会見、講和《こうわ》が結ばれた。信雄から秀吉に人質を出し、北伊勢五郡を除く伊勢と伊賀《いが》を引き渡し、家康からは家康の実子と石川数正の実子を人質とし

▼**平人**　ただの人。一般人。

て出すのが講和の条件であった。ここに秀吉を討って上洛という家康の当初の夢は消え失せた。

講和を受けて、家康は十六日に兵を引き、浜松へ帰った。そして十二月十二日、家康は二男の義伊《ぎい》（於義丸《おぎまる》、のちの結城秀康《ゆうきひでやす》▲）を秀吉の養子として秀吉のもとに送った。石川数正の子勝千代《かつちよ》、本多重次《ほんだしげつぐ》の子仙千代《せんちよ》がこれに随従した。実質的には人質といってよい。

「家康成敗」

一五八五（天正十三）年三月、秀吉は小牧・長久手の戦いの際、信雄方に与した根来《ねごろ》・雑賀《さいか》の一揆▲を攻め滅ぼし、ついで同じく信雄方についた長宗我部元親《ちょうそかべもとちか》▲を攻め、八月には屈服させ、元親には土佐《とさ》一国を安堵した。

五月二十四日、家康は、佐々成政の家臣への書状で、秀吉との講和は信雄の上洛によってきっと決着するであろう、と報じている。ところが、上洛した信雄から、秀吉が小牧・長久手の戦いで信雄・家康側についた越中の佐々成政を攻めるにあたって、越中在陣中の家康側からの人質提出、成政が家康分国《ぶんこく》に走

▼**結城秀康**　一五七四〜一六〇七。徳川家康の二男。小牧・長久手の戦い後、人質として豊臣秀吉のもとにいく。一五九〇（天正十八）年小田原攻めののち、秀吉の命で結城氏を継ぐ。関ヶ原の戦い後、越前福井城主。

▼**根来・雑賀の一揆**　根来は根来寺の僧兵集団、雑賀一揆は紀伊《きい》の一向一揆。本願寺《ほんがんじ》などと結び織田信長に反抗するが、一五八五（天正十三）年、豊臣秀吉に滅ぼされる。

▼**長宗我部元親**　一五三八〜九九。土佐の戦国大名。一五七五（天正三）年土佐を統一し、ついで阿波《あわ》・讃岐《さぬき》・伊予《いよ》を攻略、八五（同十三）年には四国全土を平定するが、同年の豊臣秀吉の四国攻めで降伏。以降、秀吉の武将として九州攻め、文禄・慶長《けいちょう》の役に出兵。

り入った時の処置などが求められている、といってきた。

その頃京都では左大臣近衛信輔《このえのぶすけ》▲と関白二条昭実《かんぱくにじょうあきざね》▲とのあいだで関白職をめぐって争論が起こった。両者から意見を求められた秀吉は、いずれが非となってもその家の破滅となり、それでは朝廷のためにもよくないとし、みずからが関白となることを、秀吉が信輔の父前久《さきひさ》の猶子《ゆうし》となること、いずれは関白を信輔に譲ること、さらに近衛家には一〇〇〇石《ごく》、他の摂家《せっけ》には五〇〇石をあたえることを条件に提案した。この申出に前久・信輔はそれをやむなしと受けた。こうした経緯をへて七月十一日、秀吉は藤原《ふじわら》姓の従一位《じゅいちい》関白となった。

一方、家康は七月に入って真田昌幸に北条氏へ上野沼田城を引き渡すよう求める。しかし昌幸がこれに応じなかったため、家康は兵を信濃に出し上田《うえだ》城を攻めるが、逆襲にあい敗退。閏八月八日には再度上田城に総攻撃を試みるが、またも昌幸の奮戦により撃退される。

真田攻めのなか、家康は正親町天皇から比叡山《ひえいざん》再興への助力を求められる。これに対し、九月十二日、万里小路充房《までのこうじみつふさ》に叡慮《えいりょ》の旨は承知したのでよろしく天皇にお伝えください、また五辻為仲《いつつじためなか》には、領内での奉加《ほうが》▲についても叡慮に従い

▼**近衛信輔**　一五六五〜一六一四。近衛家十七代当主。父は前久。加冠《かかん》の役をつとめた織田信長から一字をもらい信基《のぶもと》を称す。のち信輔、信尹《のぶただ》と改名。左大臣を辞し、朝鮮に渡ろうとするがとめられ、のち薩摩《さつま》に流される。一五九六(慶長元)年許され帰京。左大臣・関白となる。書に優れる。

▼**二条昭実**　一五五六〜一六一九。摂家二条家の当主。一五八五(天正十三)年、関白の職をめぐって近衛信輔と争う。豊臣秀吉が仲介に入るが、関白職を秀吉に事実上、奪われる。一六一五(元和《げんな》元)年、禁中并公家中諸法度《きんちゅうならびにくげちゅうしょはっと》に家康・秀忠とともに署名し、その直後再度関白となる。

▼**奉加**　神仏に金品を寄進すること。

たいが、関白(豊臣秀吉)の命《めい》なくお請けすることは憚られる、心中は疎意でない、これらのことを天皇に披露してほしい、と申し送った。

十月二十八日、秀吉から家老《かろう》中より人質を出すよう迫られた家康は、有力家臣を浜松に集め、人質提出の是非を議論させた。その結果、人質を出さないと決した。この決定は、家康と秀吉両者のあいだに大きな緊張関係を生み出す。十一月十三日、家康側近の石川数正が妻子をともない秀吉のもとへ立ち退いた。おそらく数正は秀吉に人質を提出すべきとの意見であったと思われる。数正の出奔《しゅっぽん》という事態に、家康はただちに岡崎に入り、十五日には北条氏直に数正の出奔は秀吉との申合せあってのことと思うので、油断しないよう申し送った。

一方、秀吉は、十一月十七日に家康が人質提出を断わってきたのに対し、十九日には信濃の真田昌幸・小笠原貞慶《おがさわらさだよし》・木曽義昌《きそよしまさ》らに「天下に対し家康表裏を相構え」▲とし、来年正月十五日以前にみずから「家康成敗」のために出馬するので、信濃・甲斐の動きに備えるよう指示し、越後《えちご》の上杉景勝《うえすぎかげかつ》▲にも同様に報じた。十八日には美濃大柿《おおかき》(大垣)城をあずかる一柳直末《ひとつやなぎなおすえ》に東美濃衆の人質を引き続き確保するよう、二十日には来春正月十五日までに秀吉が大柿城に入るので、

▼**表裏を相構え**　いっていることと内心が違うこと。

▼**上杉景勝**　一五五五～一六二三。越後春日山《かすがやま》城主。謙信《けんしん》の養子となり遺領を継ぐ。一五八六(天正十四)年豊臣秀吉に臣従。五大老の一人。一五九八(慶長三)年会津に転封。関ヶ原の戦いで西軍に属し、戦い後、出羽米沢《でわよねざわ》に減封《げんぽう》される。

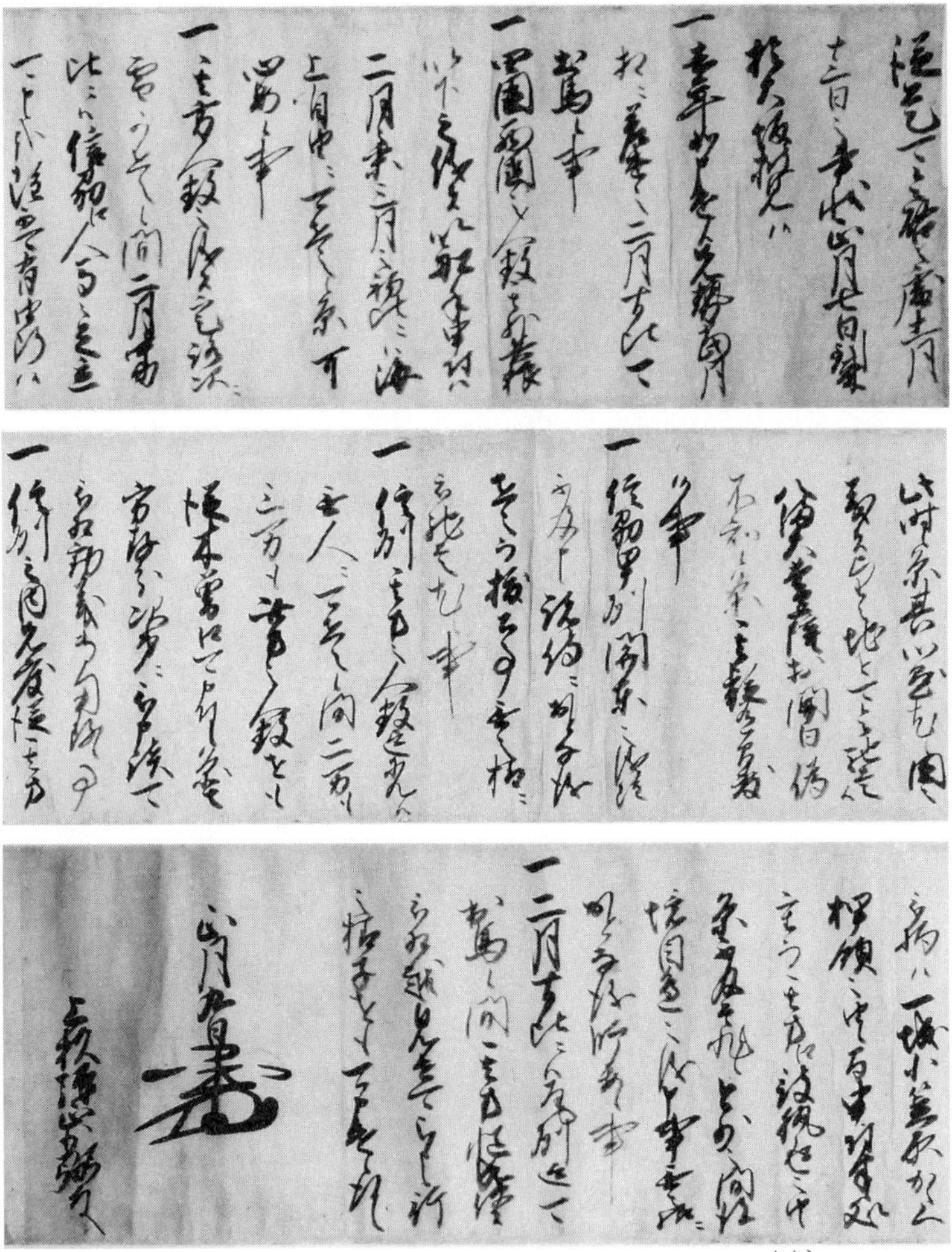

天正14(1586)年1月9日付上杉景勝宛豊臣秀吉書状　日付の下の花押《かおう》は豊臣秀吉のもの。

油断なく陣の用意をするよう命じた。

そして翌年正月九日、景勝に「家康成敗」のための先勢を正月中には派遣し、みずからは二月十日頃出馬するとし、また四国・西国《さいごく》の軍勢や兵糧《ひょうろう》は二月末から三月初めまでに準備できると報じ、景勝の軍勢は雪の消える二月中旬に動かすよう指示した。同様の朱印状《しゅいんじょう》を真田昌幸・小笠原貞慶・木曽義昌らにも送った。

このように秀吉は家康との全面対決の道を選んだ。ただ、この「家康成敗」の動きは、「神君《しんくん》」家康を語るには不都合だったのか、これまでの歴史叙述ではほとんど語られることはなかった。

④豊臣最有力大名──「関東之儀」を扱う

秀吉への臣従まで

一五八六(天正《てんしょう》十四)年正月二十一日頃、京都では秀吉《ひでよし》と家康の和睦《わぼく》がととのったとの噂《うわさ》が広まっていた。同月二十七日、織田信雄《おだのぶかつ》が岡崎《おかざき》を訪れ、秀吉と家康のあいだを仲介したことで両者の和睦がなった。ここに「家康成敗《せいばい》」は姿を消す。

秀吉は、この和睦を家康が人質を出し「如何様《いかよう》にも秀吉次第の旨」を懇望したので赦免《しゃめん》した、と真田昌幸《さなだまさゆき》らに報じ、秀吉優位を誇示した。しかし秀吉側からは妹の朝日姫《あさひひめ》が家康の正室《せいしつ》として三河《みかわ》にくだることになり、また甲斐《かい》・信濃《しなの》の支配が家康にまかせられるなど、一方的な和睦ではなかった。

四月十一日には朝日姫の輿入《こしい》れが公となり、二十八日に祝言《しゅうげん》ということに決まった。これを受けて家康は天野康景《あまのやすかげ》を秀吉のもとに遣わすが、秀吉と信雄から使者が来て、天野が秀吉の「御存知の仁」ではないことに不満を述べ、改めて酒井忠次《さかいただつぐ》・本多忠勝《ほんだただかつ》▲・榊原康政《さかきばらやすまさ》▲のいずれかを遣わすよう求めてきた。このよ

▼**本多忠勝**　一五四八〜一六一〇。三河の人。徳川四天王《してんのう》の一人。家康の関東入部に際し上総大多喜《おおたき》一〇万石に封じられる。関ヶ原の戦い後、伊勢桑名《くわな》一〇万石に転封。

▼**榊原康政**　一五四八〜一六〇六。三河の人。家康の重臣。徳川四天王の一人。家康の関東入部にあたり上野館林《たてばやし》一〇万石に封じられる。

朝日姫

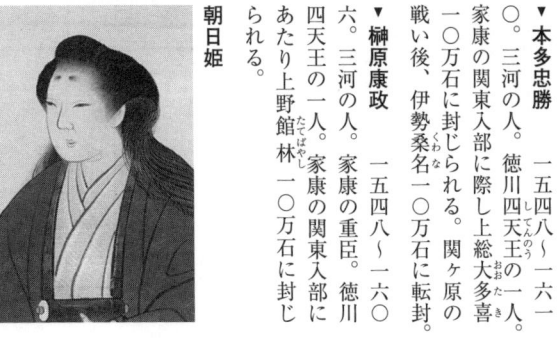

うに難題を吹きかける秀吉に家康は「事切れ候ハんか」と決裂の意向を口にするが、信雄の使者がそうなっては信雄が面目を失うと申したので、本多忠勝を遣わすことにした。そして五月十四日、婚儀が浜松《はままつ》で執り行われた。

秀吉の執奏《しっそう》により、二月二十七日付で家康は従三位参議《じゅさんみさんぎ》に叙任《じょにん》される。家康の朝廷《ちょうてい》での官位《かんい》は、それまで従五位下左京大夫《じゅごいげさきょうのだいぶ》であったが、この時に一気に従三位参議にまで昇進した。

七月二十四日、正親町《おおぎまち》天皇の跡を受けて近く即位する予定であった誠仁《さねひと》親王が急死した。奈良興福寺多聞院《こうふくじたもんいん》の僧英俊《えいしゅん》▲はその日記に、親王の病気を疱瘡《ほうそう》あるいは麻疹《ましん》としながらも、親王が腹を切って自害したとの噂を記し、もし自害であれば、秀吉が王(当時「王」とは天皇の意である)、秀吉の弟秀長《ひでなが》▲が関白《かんぱく》になり、家康が将軍となるだろう、と記している。

京都から戻った家康は、九月十一日、前年より普請《ふしん》中であった駿府《すんぷ》城へ「屋《や》渡《わた》り」(引越し)を行い、拠点を浜松から駿府へ移した。

▼**多聞院英俊**　一五一八〜九六。大和興福寺多聞院の院主《いんじゅ》。『多聞院日記』の筆者の一人として六〇余年分を書く。

▼**豊臣秀長**　一五四〇〜九一。豊臣秀吉の異父弟。秀吉に従い各地を転戦。大和郡山《やまとこおりやま》城主。四国の長宗我部《ちょうそかべ》攻めを仕切り、九州島《しま》津《づ》攻めには先鋒として日向《ひゅうが》まで進んだ。死去直前まで政権の中枢にあった。

家康上洛、秀吉への臣従

朝日姫との婚姻後も家康は秀吉の上洛《じょうらく》要請にすぐには応えなかった。これに対し、秀吉は実母である大政所《おおまんどころ》▲を岡崎に送るので上洛するよう求めてきた。家康はそれを受け入れ、十月十四日に浜松を発ち、岡崎で大政所の到着を確認したうえで二十日に岡崎を発ち、二十四日に京都に入った。そして二十六日、軍勢三〇〇〇ほどで大坂へ向かい、豊臣秀長の屋敷を宿所とした。

秀吉との正式の対面は二十七日であったが、家康が大坂に到着したその日の夜、突然秀吉が家康の宿所に来て、家康の手をとり奥の座敷に招き、思いを述べ、「入魂《じっこん》▲(懇意)」の間柄を確認し、その後、秀吉が家康にまず酌をし盃を勧め、ついで家康が酌をして秀吉に盃を勧めた。そして翌二十七日、家康は大坂城に登城し、秀吉に臣従《しんじゅう》の礼をとった。

この臣従を機に秀吉から「関東之儀(関東惣無事)」は家康にまかせられた。その内実は、北条《ほうじょう》氏と関東諸領主との抗争の和睦仲介であった。またこの時、秀吉から近江守山《おうみもりやま》付近で在京領三万石《ごく》をあたえられる。この家康の上洛・臣礼《しんれい》は、家康の秀吉への臣従を意味したが、秀吉自身が家康との関係を「入魂」と表

▼**大政所**　摂政・関白の母親の称。ここでは豊臣秀吉の母のこと。

▼**入魂**　親しくつきあうこと。時に同盟を結ぶ意で使用される。

現したように、両者のあいだには対等な要素が残った。

十一月五日、家康は、秀吉に供してはじめて参内《さんだい》し、秀長とともに正三位《しょうさんみ》中納言《ちゅうなごん》に昇進した。そして八日京都を発ち、十一日に岡崎に戻り、翌日井伊《いい》直政《なおまさ》に大政所を大坂まで送り届けさせた。家康が京都を発つ前日の七日、正親町天皇が譲位し、和仁《かずひと》親王が即位して後陽成《ごようぜい》天皇▲となった。

聚楽行幸

一五八七(天正十五)年、駿府で正月を迎えた家康は、しばらく駿府から動いていない。八月五日、家康は、秀吉に近江大津《おおつ》で出迎えられ入京。八日には秀吉の執奏により従二位権大納言《じゅにいごんだいなごん》に昇進した。豊臣秀長も同日、同位同官に叙任された。この時の在京はわずか七日、十二日には京都を発ち、駿府に戻った。

一五八八(天正十六)年三月一日、上洛のため駿府を発つ。これに先立ち、出羽《で》《わ》山形の最上義光《もがみよしあき》▲が大宝寺《だいほうじ》・本庄《ほんじょう》氏さらには上杉《うえすぎ》氏との抗争をめぐり、秀吉家臣《かしん》の富田知信《とみたとものぶ》を取次ぎとして秀吉に訴えていた。この抗争が富田から秀吉に言上され、秀吉は義光側にはとくに問題はないとの意向を示した。その報が、

▼**後陽成天皇**　一五七一〜一六一七。在位一五八六〜一六一一。名は和仁、のち周仁《かたひと》。正親町天皇の子誠仁親王の子。正親町天皇の跡を受けて即位。一五八八(天正十六)年聚楽行幸。学問・文芸の造詣が深い。一六一一(慶長《けいちょう》十六)年、後水尾《ごみずのお》天皇に譲位。

▼**最上義光**　一五四六〜一六一四。出羽山形の戦国大名。一五九〇(天正十八)年、豊臣秀吉に服属。関ヶ原の戦いでは東軍に属し、領知を拡大。

▼**伊達政宗**　一五六七〜一六三六。出羽米沢《よねざわ》の戦国大名。一五九〇(天正十八)年、豊臣秀吉の奥羽仕置に際し臣従。翌年、陸奥岩出《いわで》山《やま》城に移封される。関ヶ原の戦い後、仙台に移る。和歌《わか》・茶道《ちゃどう》・能《のう》に長じた。

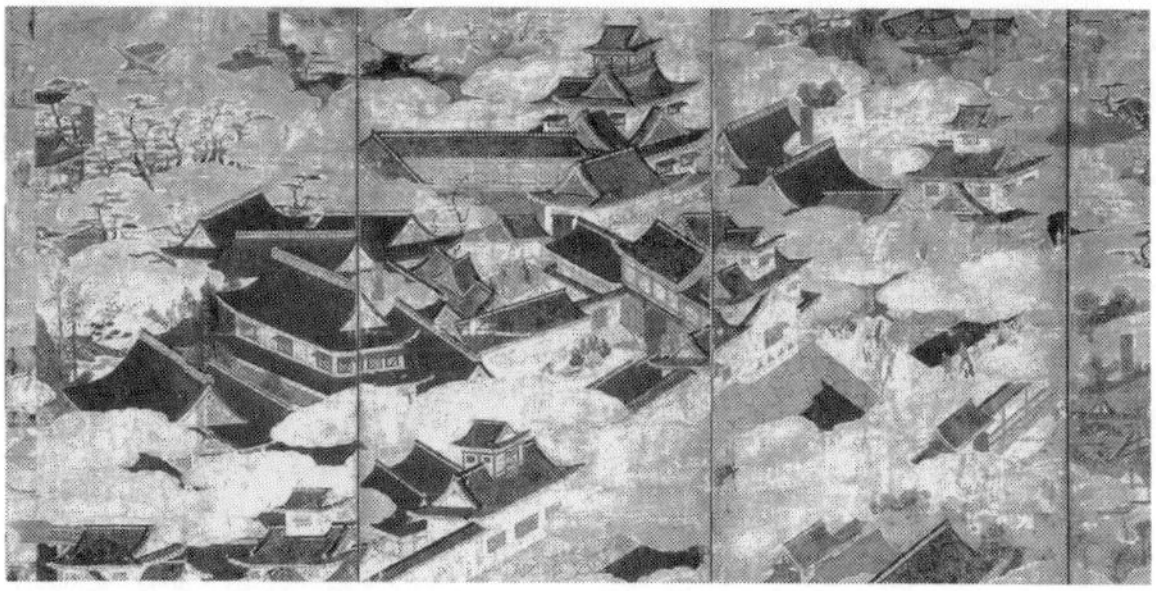

聚楽第(『聚楽第図屛風』)

上洛途次の家康のもとに富田から届き、その書状を家康は義光に送るとともに、やがて上洛するので秀吉に自分からも申し上げる、しかし境目での軽率な軍事行動はしないように、また伊達政宗《だてまさむね》▲とは親類なのだから仲良くするようにと申し送った。

家康は三月十四日岡崎を発ち、京都をへて大坂に入った。十七日、家康は最上義光に、秀吉の御前《ごぜん》は変わることはないので、それなりの者を上洛させるようにと申し送った。四月六日には義光へ、秀吉の御前はよく義光の身上も粗末にはしないとのおおせであるので、早々上洛するのが大切であると報じた。さらに五月三日には、上洛は遅延してよいとの秀吉の意向であり、領内を異儀なくおさめることが肝要である、と改めて申し送った。こうした最上一件での家康の動きは、一五八六(天正十四)年の上洛時に秀吉からまかされた「関東之儀」の扱いの一端である。

後陽成天皇は四月十四日より十八日までの五日間、秀吉が京都内野《うちの》(平安京《へいあんきょう》内裏跡《だいりあと》)に築造した聚楽《じゅらく》へ行幸《ぎょうこう》した。この聚楽行幸を前にした三月二十九日、秀吉の執奏で家康は織田信雄・豊臣《とよとみ》秀長・豊臣秀次《ひでつぐ》とともに清華《せいが》に列せられた。

清華とは、公家《くげ》においては摂関につぐ家格で、摂政《せっしょう》・関白に就くことはできないが太政《だいじょう》大臣まで昇進可能な家のことである。ただ、家康らの清華成《なり》は聚楽行幸における儀礼の場での必要から個人にあたえられたものであり、家格の上昇ではなかった。

行幸の初日は七献《しちこん》▲の饗宴《きょうえん》と管弦《かんげん》があった。饗宴には二一人が相伴《しょうばん》し、親王・摂家《せっけ》・清華衆のほか、武家《ぶけ》では秀吉・織田信雄・家康・豊臣秀長・豊臣秀次・宇喜多秀家《うきたひでいえ》▲が相伴した。

行幸二日目、秀吉は諸大名《だいみょう》に誓紙《せいし》を提出させた。そこでは、昇殿を許されたことへの礼、禁裏御料所《きんりごりょうしょ》と公家・門跡《もんぜき》領の保証、関白秀吉の命《めい》にはいささかも背かないことが誓約された。最後の箇条がこの誓紙の主眼である。家康は、信雄・秀長・秀次・秀家・前田利家《まえだとしいえ》▲とともに連署して誓紙をあげた。

家康は、聚楽行幸が終ってまもなく京都を発ち四月二十七日には駿府に戻る。北条氏との上洛交渉がなかなか進展しないなか、六月に入って家康は北条氏《うじ》政《まさ》・氏直《うじなお》父子に対し、兄弟衆の今月中の上洛と父子の秀吉への出仕を求め、もし聞き入れないのであればわが娘を返せと、起請文《きしょうもん》をもって迫った。

▼**七献**　酒宴に際し料理を出し酒を三杯勧めることを一献とし、それを七度繰り返すこと。

▼**宇喜多秀家**　一五七二〜一六五五。父は備前《びぜん》の戦国大名、宇喜多直家《なおいえ》。妻は秀吉の養女となった前田利家の娘。幼い時から秀吉に寵愛される。文禄《ぶんろく》の役では朝鮮に渡る。五大老《ごたいろう》の一人。関ヶ原の戦いで敗北、薩摩《さつま》に逃れるが、のち八丈島《はちじょうじま》に配流《はいる》された。

▼**前田利家**　一五三八〜九九。尾張の人。織田信長に仕え能登《のと》を拝領、七尾《ななお》城主。賤ヶ岳《しずがたけ》の戦いのあと豊臣秀吉に従い、加賀金沢《かがかなざわ》城主。豊臣政権のなかでは家康につぐ力をもった。五大老の一人。秀吉死後は秀頼《ひでより》の傅役《もりやく》となる。

六月二十二日、大政所が病気であるとの報を受けた朝日姫は、すぐさま上洛し、家康もまた七月二日以前に京都に入る。そして十四日には北条氏直の叔父北条氏規《うじのり》▲に上洛を督促する使者を送り、家康在京中に上洛するよう求めた。八月二十二日にようやく氏規が上洛し、聚楽第で秀吉に拝謁した。

秀吉から奥羽《おうう》表の和平を取り仕切るよう命じられたのを受けて、家康は十月二十六日に伊達政宗へ、秀吉の命を受けて和平の斡旋をしようと思っていたところ、さっそく和平が整ったとのことを聞き喜んでいる、最上義光とは親類でもあるのでたがいに親しく交際するように、と報じた。

五カ国検地と郷村法令

家康は、一五八九(天正十七)年二月から、遠江《とおとうみ》・駿河《するが》・三河・甲斐・南信濃で順次検地《けんち》を行った。そしてこの検地に続き七月以降、三河・遠江・駿河・甲斐の村々に七カ条の郷村法令を出した。この郷村法令では、年貢納入《ねんぐ》をおろそかにしないこと、年貢米は五里《り》(一里=約三・九キロ)以内は百姓《ひゃくしょう》が運ぶこと、陣《じん》夫《ぶ》を出すこと、百姓の使役は年二〇日とすることなどをあげ、最後にもし領主

▼北条氏規　一五四五〜一六〇〇。父は北条氏康《うじやす》。伊豆韮山《にらやま》城主。豊臣秀吉の小田原攻めで家康にくだり、高野山《こうやさん》に入る。のち秀吉から河内《かわち》で領知をあたえられる。

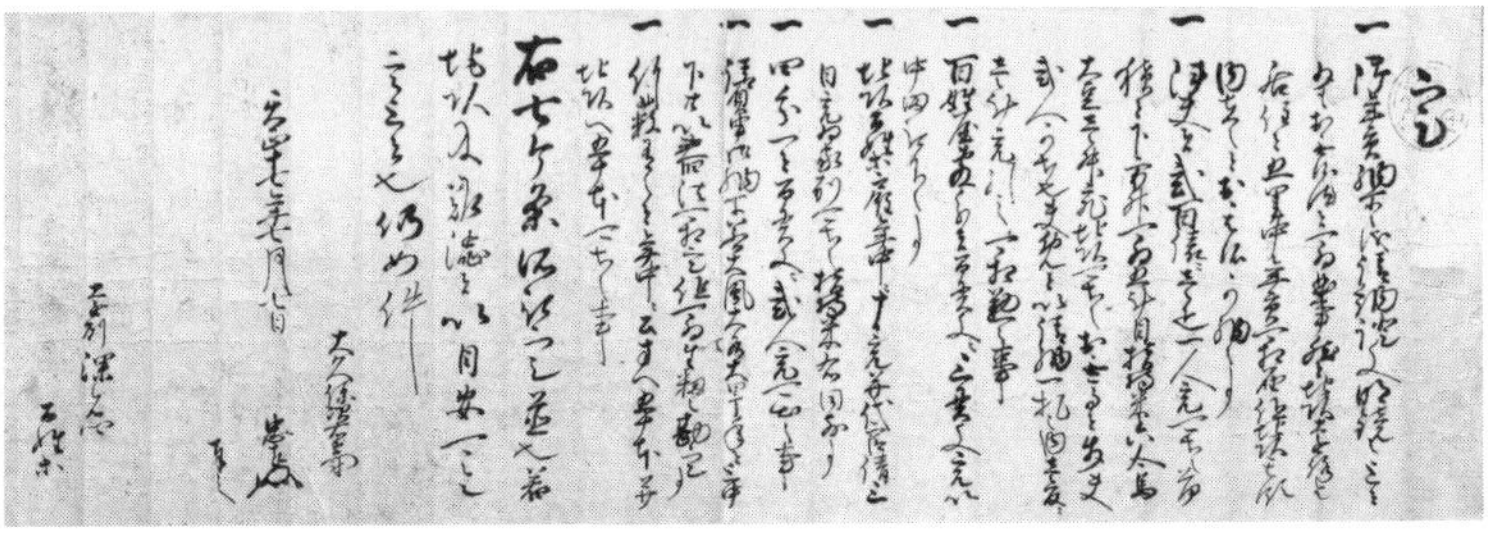

徳川家七カ条の郷村法令（遠江国周智郡深見郷百姓等宛，天正17〈1589〉年７月７日付）

が難題を申しかける時には、目安《めやす》（訴状）をもって訴えるように、と定められている。この検地、郷村法令の公布は、領内支配を大きく進めるものであった。

検地が始まってまもない二月、家康は上洛する。在京中に特段の動きはみられないが、五月二十二日に織田信雄・豊臣秀長・宇喜多秀家とそろって参内した。この参内は、秀吉の供《とも》としての参内ではない。五月二十七日に秀吉と淀殿《よどどの》とのあいだにはじめての男子捨《すて》が生まれた。家康は、六月四日にこの若君の七夜の祝いをしたあと、京都を発ち駿府に戻った。この年はめだった政治的事柄は少なかったが、七月中旬、秀吉は京都東山《ひがしやま》に造立《ぞうりゅう》を計画した大仏殿《だいぶつでん》の造営を本格化する。それにともない、諸大名にその用材の伐出しを命じる。家康も例外でなく、八月には富士山で大仏殿の柱の伐出しにあたった。

小田原攻めと関東転封

北条氏規の上洛と自身への拝謁《はいえつ》をもって秀吉は、北条氏が秀吉に臣従したものと考え、北条氏と真田氏とのあいだでその所属をめぐって争われていた上野《こうずけ》沼田《ぬまた》領について、三分の二を北条領、三分の一を真田領とする裁定をくだした。

ところが一五八九(天正十七)年十一月、北条氏はこの裁定を無視し真田分の名《な》胡桃《ぐるみ》城(沼田城の支城)を攻略するという挙に出た。この知らせを真田方より受けた家康は、真田信幸《のぶゆき》▲へ名胡桃城が攻略されたことはうけたまわった、ついてはこの間の事情を承知している秀吉の家臣富田知信らに伝えれば、秀吉の耳に届くであろう、と申し送った。

十一月二十四日、北条氏にみずからの裁定を無視された秀吉は、北条氏政に五カ条からなる弾劾状《だんがいじょう》を送るとともに、各大名へもこの写《うつし》を送り、北条氏征伐を宣言した。家康には同日付で秀吉から、来春早々に出馬する計画なので、その手立てのため二、三日の逗留のつもりで、一〇騎ほどで上洛するよう、いってきた。これを受けて家康はすぐさま上洛する。そこで来年正月二十八日に家康、二月五日に織田信雄、三月一日に秀吉が出馬することが申しあわされた。

一五九〇(天正十八)年正月、家康は、小田原《おだわら》攻めにさきんじて三男で嫡男の秀忠《ひでただ》を秀吉のもとにいわば人質として送った。これに対し秀吉から、秀忠はいちだんと利発であり家康に劣らず公儀《こうぎ》を大切に思っているようだ、このまま在京するとのことだが、万一人質だと関東辺りで噂となっては家康のためにいか

▼**真田信幸**　一五六六〜一六五八。信之《のぶゆき》と改名。信濃の人。父は真田昌幸。関ヶ原の戦いには東軍に属す。戦い後、信濃上田九万五〇〇〇石をあたえられる。のち信濃松代《まつしろ》に移封。

がかと思うので、さっそく返すことにする、小田原から帰陣後に再度上洛した時、秀忠への官位昇進も命じよう、といってきた。ここには、家康と秀吉のあいだでの細かな駆引きをみることができる。そして正月二十五日、秀忠が京より戻った。

二月十日、家康は、駿府を出、二十五日には沼津《ぬまづ》に着陣した。この出陣に際し、家康は一五カ条におよぶ軍法を定めた。三月には秀吉から、十八日に駿河田中《たなか》に着き、十九日は駿府まで進み、一両日逗留したあと駿河の三枚橋《さんまいばし》へ進む、といってきた。そこで家康は秀吉を迎えるためいったん駿府に帰り、二十七日改めて織田信雄とともに秀吉を三枚橋で出迎えた。

家康は、二十九日に伊豆山中城《いずやまなか》を攻め、翌四月一日に箱根山《はこねやま》近くに陣を進め、二日、三日には小田原まで進み、城近くに砦《とりで》を築いた。六月に入ると、家康は、伊豆韮山《にらやま》城に籠城中の北条氏規に、何はともあれ退城し、氏政父子のことを秀吉に詫びるのが重要であると、申し送った。二十四日、氏規が家康の陣に投降し、七月五日には氏直が滝川雄利《たきがわかつとし》の陣に来て投降した。そして、秀吉の命で榊原康政らが城を受けとり、家康は十日、小田原城に入った。

七月十三日に小田原城に入った秀吉は、家康に駿河・遠江・三河・甲斐・信濃の五カ国にかえ、北条氏の旧領武蔵《むさし》・相模《さがみ》・上総《かずさ》・下総《しもうさ》・伊豆・上野の大半・下野《しもつけ》の一部をあたえた。それと同時に尾張《おわり》・伊勢《いせ》を領していた織田信雄に家康の旧領への転封《てんぽう》を命じた。しかし、信雄はそれを拒んだため、尾張・伊勢を取り上げられた。信雄の改易《かいえき》によって、家康は豊臣政権下で官位を含めて最大の大名となる。

秀吉は、七月十七日、奥羽仕置《しおき》のため小田原を発ち、江戸《えど》をへて会津《あいづ》へと向かう。家康はそれには従わず、江戸にいたようだが、秀吉から二男秀康《ひでやす》に関東の名族結城《ゆうき》氏▲の跡目相続の提案を受けて、急ぎ宇都宮《うつのみや》にいた秀吉のもとにいき、七月二十九日には秀吉の命を受け入れ、また改易された織田信雄の身上の取り成しを秀吉に願ったようだ。家康がいつ宇都宮を発ったかは不明であるが、家康は、八月四日の信雄の家臣曽我尚祐《そがなおすけ》に宛てた書状で「此地(宇都宮)より直に示し候て帰宅候間」と記したように、秀吉が宇都宮を会津に向け発った八月四日までは宇都宮にいたようだ。とすると、八月一日に正式に江戸に入ったとされるこれまでの言説はのちにつくりだされたものになる。

結城秀康

▼結城氏　下総の豪族《ごうぞく》。藤原《ふじわらの》秀郷《ひでさと》の後裔という。源頼朝《みなもとのよりとも》から下総結城をあたえられ、以降この地を本領《ほんりょう》とする。豊臣秀吉の小田原攻めで改易。その跡を秀康が継ぐ。

家康がいつ宇都宮を発ったかは不明であるが、ほどなく江戸に戻り、諸将を関東の所々に配置し、新領国の経営にあたった。

八月九日に会津に着いた秀吉は、そこでの仕置を終え、十三日には会津を発って、九月一日に京都に戻った。

十月、小田原に参陣しなかったために改易となった陸奥の葛西《かさい》氏・大崎《おおさき》氏の旧臣らが、新領主となった木村吉清《きむらよしきよ》・清久《きよひさ》に対し一揆《いっき》を起こした。しかし一揆は十一月二十四日にはほぼ鎮圧される。一方この報を京都で受けた秀吉は、十一月晦日《みそか》に一揆への対応を指示した。そして十二月十八日には宇都宮にいた豊臣秀次に家康とともに、あらたに会津に入った蒲生氏郷《がもううじさと》を援助するよう命じた。

九戸一揆への出陣

一五九一（天正十九）年早々、正月五日に武蔵岩槻《いわつき》まで出陣した家康のもとに秀吉から朱印状《しゅいんじょう》が届いた。これを受けて下総古河《こが》まで進もうとしたが、奥州《おうしゅう》が平穏になったとの報を受け、十三日に岩槻より江戸へ戻った。

正月十二日、家康は伊達政宗に対し、秀吉から政宗の上洛について浅野長《あさのなが》吉《よし》▲と家康に取扱いがまかされたので、一刻も早く上洛するのがきわめて重要であると、秀吉からの朱印状をそえて申し送った。二〇日ほどを江戸ですごした家康は、閏《うるう》正月初め江戸を発ち、その途上の清須《きよす》で鷹野《たかの》に来ていた秀吉に謁し、二十二日までには入京した。この間、政宗上洛にあたって秀吉のあいだを取りもつなど力をつくした。こうしたなか、二月四日に京都に入った政宗に対し、秀吉は葛西・大崎の地をあたえると同時に会津近辺の五郡を収公した。一方、秀吉は政宗に羽柴《はしば》姓をあたえ従四位下侍従《じゅしいげじじゅう》に叙任した。

このの ち、家康は、京都を三月十一日に発ち江戸に戻り、以後しばらくは江戸にあって領国《りょうごく》経営にあたった。家康の在江戸中の四月二十三日付で秀吉より近江で在京 賄 料《まかないりょう》九万石をあたえられた。六月四日には、秀吉から奥州のようすを切々注進するよう、また嫡男秀忠を在京させるよう命じられる。

これに先立ち、二月、南部信直《なんぶのぶなお》▲と九戸政実《くのへまさざね》との対立が原因で領内の陸奥《むつ》九戸で一揆が起きた。この蜂起が起こるや、信直は陸奥二本松《にほんまつ》にいた浅野長吉に救援を求め、また秀吉に訴えるために子の利直《としなお》を上洛させた。事態を重く受けとめた秀吉は二十日、葛西・大崎一揆後の仕置と九戸一揆鎮圧のために、豊臣秀

▼**浅野長吉**　一五四七～一六一一。尾張の人。織田信長・豊臣秀吉に仕える。秀吉とは相婿《あいむこ》。秀吉に重用され、若狭小浜《わかさおばま》城主。のち子の幸長《よしなが》とともに甲斐一国を領す。五奉行《ごぶぎょう》の一人。関ヶ原では東軍に属す。一五九八(慶長三)年長政《ながまさ》と改名。

▼**南部信直**　一五四六～九九。南部三戸《さんのへ》城主。豊臣秀吉の小田原攻めより以前に前田利家を介して豊臣政権につながる。秀吉の奥羽仕置のあと陸奥九郡一〇万石を領す。文禄の役では朝鮮に渡海。

次と家康とを将とする大軍勢の動員を命じた。この時家康は、蒲生氏郷と伊達政宗の知行割《ちぎょうわり》を秀次と相談して言い渡すようあわせて命じられた。

家康は、七月十九日に江戸を発ち、八月七日までには浅野長吉のいる二本松に着き、伊達政宗・蒲生氏郷らと会し、十八日には岩手沢《いわてさわ》にいたり、ここに約一カ月滞陣する。九戸一揆は、九月一日から四日にわたる戦闘の末終結する。一揆鎮圧後、奥羽の知行割が、秀吉の指示のもと秀次と家康によって行われた。その時会津を領していた蒲生氏郷は大きく加増されるが、政宗のほうは出羽米沢《よねざわ》を取り上げられ陸奥岩出山《いわでやま》に移された。ここには、政宗に対する秀吉の疑心と警戒があったと思われる。家康は、十月末には江戸に戻り、十一月には、武蔵・相模・下総・上総・下野・上野の寺社に残されているだけでも三九二通の寄進状《きしんじょう》をあたえ、領内支配の安定をはかった。

一五九一年の家康は、秀次を補佐し、奥羽の知行割に関与、さらに四月には在京賄領九万石を拝領するなど、そこには他の諸大名とは異なる政権内での地位の高まりがみられる。

⑤豊臣政権の大老――外様大名から大老へ

肥前名護屋在陣

一五九一(天正《てんしょう》十九)年の陸奥《むつ》での一揆《いっき》鎮圧の過程で、家康は、秀吉《ひでよし》より秀次《ひでつぐ》とともに出陣し、その指揮をとるよう命じられ、また知行割《ちぎょうわり》をまかされるなど、一外様大名《とざまだいみょう》の地位から一歩踏み出す。これは一五八六(天正十四)年の関東惣無事《そうぶじ》の扱いをまかされた状況が、小田原《おだわら》攻め・奥羽仕置《おううしおき》によってほぼ消滅し、それにかわる家康の政権内でのあらたな位置付けと考えられる。

奥羽仕置によって国内統一がなると、秀吉は以前から構想していた朝鮮出兵に踏み出し、一五九二(天正二十)年三月二十六日、肥前名護屋《ひぜんなごや》に向けて京都を発つ。一方家康は、同年二月二日江戸《えど》を発ち、三月八日に秀吉のもとに出仕。名護屋での十七日に肥前名護屋に向け伊達政宗《だてまさむね》・上杉景勝《うえすぎかげかつ》らと京都を発った。名護屋での家康の陣場《じんば》は古里《ふるさと》町、在陣衆の数は一万五〇〇〇人といわれた。

四月二十五日名護屋に入った秀吉は、朝鮮での順調な進軍をみて、早々の渡海を計画し、六月初めまさに出船しようとしていたが、家康と前田利家《まえだとしいえ》から思

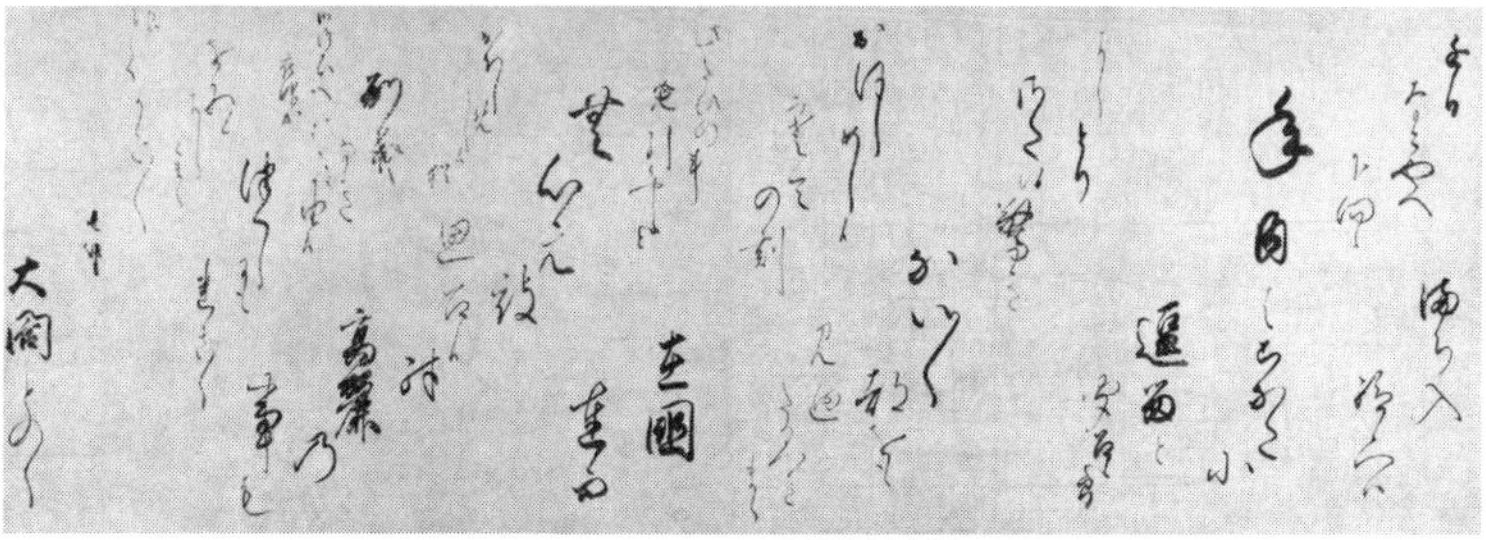

天正20(1592)年秋，豊臣秀吉宛後陽成天皇宸翰消息《しんかんしょうそく》

いとどまるようにとの諫言《かんげん》を受けて取りやめ、翌年三月に延期した。家康・利家の諫言の内容は、六月、七月は思いもかけない早風の危険があり、また秀吉渡海後に続く諸将たちはきそって渡海しようとするだろうが、八月以降は朝鮮との行き来がとだえる季節になりきわめて危険なので、渡海を思いとどまり、来年三月に延ばすようにというものであった。

こうしたなか大政所《おおまんどころ》危篤の報が名護屋に届き、秀吉は七月二十二日名護屋を発ち大坂に戻るが、大政所の死に目には会えなかった。秀吉が名護屋不在のあいだ、家康は利家とその留守をあずかることになる。大坂に戻った秀吉は、この頃になって朝鮮での情勢が思うように展開しなくなったことをふまえてか、八月、伏見《ふしみ》をみずからの隠居所と定め、築城に取りかかる。他方、後陽成《ごようぜい》天皇は九月初め、大坂にいた秀吉に、再度の名護屋下向《げこう》を延期するよう求める勅書《ちょくしょ》を送る。この勅書を受けた秀吉は、九月中は逗留するが十月には名護屋に戻りたいと応えた。そして秀吉は、名護屋にいる家康・利家に、名護屋下向を抑留する綸旨《りんじ》・院宣《いんぜん》が出たがそれを受け入れなかった、しかし勅命《ちょくめい》でもあるので発足を一カ月延引することにした、と報じた。十二月八日に文禄《ぶんろく》改元があり、年が明けた一五九三(文禄二)年正月五日に正親町院《おおぎまちいん》が亡くなった。

家康は、名護屋で越年する。正月七日、朝鮮在陣中の藤堂高虎《とうどうたかとら》▲から、「大明《だいみん》国《こく》」が和平を懇願してきているとの報を受け、これを珍重なこととし、春には秀吉が渡海されるので万事その折にうけたまわる、と申し送った。この頃、後陽成天皇は、再度、秀吉の朝鮮への渡海を諫止する勅書を送る。

三月に入ると秀吉は、漢城《かんじょう》からの撤退を模索し、慶尚道《けいしょうどう》西部の中核城郭《じょうかく》晋州《しんしゅう》城(日本側史料では牧使《もくそ》城)の攻略へと方針を転換し戦線を縮小する。こうしたなか五月十五日、「明使」が小西行長《こにしゆきなが》にともなわれて名護屋に到着した。その接待を家康と利家は命じられた。そして一カ月後の六月二十八日、秀吉は、明皇帝の姫を日本の天皇の后《きさき》にすること、勘合《かんごう》貿易を再開することなど七カ条の和議《わぎ》条件を「明使」に示した。「明使」はこの条件をひとまず聞き入れ、翌二十九日、名護屋を離れた。

在京の日々

一五九三(文禄二)年八月、秀吉の子お拾《ひろい》(秀頼《ひでより》)誕生の報が名護屋にもたらさ

▼**藤堂高虎**　一五五六〜一六三〇。近江《おうみ》の人。浅井長政・織田信《のぶ》澄《ずみ》・豊臣秀長《ひでなが》・秀吉・家康に仕える。朝鮮出兵に従軍。関ヶ原《せきがはら》の戦いでは東軍に属し、戦い後、伊予《いよ》今治《いまばり》城主。一六〇八(慶長十三)年伊勢安濃津《いせあのつ》城主となる。

れるやいなや、秀吉は大坂へと向かう。生母は淀殿《よどどの》である。明との講和《こうわ》交渉が始まったこともあってか、前年のように秀吉の留守を命じられることもなく、家康も秀吉の後を追うように名護屋を発ち、二十九日に大坂へ戻り、まもなく京都に入った。

在京中の家康は一五九四(文禄三)年を含めて武家《ぶけ》・公家《くげ》・寺・町人・医者など各所を訪れている。次ページの表はその一覧である。

これら以外のおもな動きをみておくと、九月五日には、秀頼誕生後に体調をくずした秀次が湯治のために伊豆熱海《いずあたみ》に向かうのを伏見で見送った。閏《うるう》九月十三日には秀吉の隠居所とする伏見城普請《ふしん》の縄張りのために伏見へいき、三十日には京都の前田利家邸に逗留していた秀吉のもとに出仕し、この日催された能《のう》で、家康は四番に通小町《かよいこまち》を演じた。

十月三日の秀吉の参内《さんだい》に家康は供《とも》をつとめ、三献《さんこん》の儀では智仁《としひと》親王・菊亭《きくてい》(今出川《いまでがわ》)晴季《はるすえ》らとともに相伴《しょうばん》した。その後秀吉が催した禁中《きんちゅう》能で家康も能・狂言《きょうげん》を舞った。そして十四日、京都を発ち江戸へ向かった。久方ぶりの江戸である。

1593・94(文禄２・３)年在京中の訪問先

年	月日	訪問先
文禄２年	９月７日	前田利家《としいえ》の茶会(伏見)
	９月13日	石川家成《いえなり》(伏見)
	閏９月12日	前田利長《としなが》の茶湯(京都)
	閏９月16日	有馬則頼《ありまのりより》の茶湯(伏見)
	閏９月22日	秀吉の口切りの茶会(伏見)
	閏９月24日	細川幽斎《ゆうさい》の茶会(京都)
	10月13日	富田知信《とものぶ》の茶湯(京都)
文禄３年	３月12日	細川幽斎(京都)
	３月16日	相国寺西笑承兌《しょうこくじせいしょうじょうたい》(京都)
	４月２日	近衛殿，細川幽斎(京都)
	４月18日	吉田兼見《かねみ》(京都)
	４月19日	前田利家(京都)
	５月４日	吉田兼見(京都)
	５月５日	賀茂《かも》社競馬《くらべうま》見物
	５月６日	知恩院《ちおんいん》(京都)
	５月８日	相国寺(京都)
	５月９日	南禅寺玄圃霊三《げんぽれいさん》(京都)
	５月11日	三条の了頓《りょうとん》(京都)
	５月12日	柳原淳光(京都)
	５月20日	呉服商亀屋栄任《かめやえいにん》(京都)
	５月21日	相国寺普広院《ふこういん》(京都)
	５月25日	宗喝(京都)
	５月29日	医師竹田法印《たけだほういん》(京都)
	６月24日	医師一欧宗悦(京都)
	６月26日	建仁寺内常光院(京都)
	６月28日	医師玄勝(京都)
	７月２日	東福寺正統院哲長老(京都)
	７月12日	山科言経《やましなときつね》(京都)
	７月29日	前田利家(京都)
	９月19日	有馬則頼(伏見)
	10月３日	織田有楽《うらく》(伏見)
	10月24日	細川幽斎(京都)

一五九四年、江戸で越年した家康は、二月二十四日に京都に戻り、その直後には秀吉の吉野《よしの》の花見に付き従った。三月十七日には秀吉の大坂からの上洛《じょうらく》にあわせて伏見にいき、四月一日には秀吉に供して京都に入った。三日は秀吉の参内に付き従った。

六月五日、伏見の屋敷に秀吉を迎え茶会を催し、二十二日には浅野長吉《あさのながよし》とともに豊臣秀次のもとに出仕。七月二十四日にも秀次のもとに出仕した。

九月一日、家康は伏見にいくが、これ以降、伏見を上方《かみがた》における主たる居所とした。九日には秀吉が伏見の家康邸を訪れ、十月二十日には聚楽《じゅらく》の秀次のもとへの秀吉の御成《おなり》に衣冠《いかん》馬上にて供奉《ぐぶ》。十一月二十五日には秀吉が茶湯《ちゃのゆ》に伏見の家康邸を訪れ、三十日には秀吉の供をして上京。

十二月一日、家康は聚楽の秀吉のもとに出仕し、いったん伏見に戻るが、十八日、前日尾張《おわり》から聚楽に帰った秀次のもとに前田利家・浅野長吉とともに出仕している。二十七日には家康二女の督姫《とくひめ》(三〇歳、三〇ページ参照)が、三河吉《みかわよし》田《だ》城主の池田輝政《いけだてるまさ》▲に秀吉の命《めい》で嫁いだ。

以上述べてきたように、秀吉への出仕、参内などへの扈従《こしょう》、家康邸への御成

▼**池田輝政**　一五六四〜一六一三。尾張の人。織田信長・豊臣秀吉に仕える。長久手《ながくて》の戦いで父の恒興《つねおき》、兄の元助《もとすけ》が戦死したため家督を継ぐ。美濃《みの》岐阜、三河吉田城主。関ヶ原の戦いでは東軍に属し、戦後、播磨姫路《はりまひめじ》藩主となる。

等々、名護屋出陣以前と打って変わって、密度高く秀吉へ奉公《ほうこう》する家康の姿が確認される。

秀次事件

一五九五(文禄四)年二月七日、会津若松《あいづわかまつ》城主蒲生氏郷《がもううじさと》が元服《げんぷく》前の嫡男鶴千代《つるちよ》(秀行《ひでゆき》)を残し京都で死去した。家康は、この氏郷の跡目の件で、秀吉から前田利家とともに大坂に呼びだされる。そして九日、秀吉は一三歳の鶴千代に氏郷の跡目を相続することを許す。十一日、家康は利家と連署《れんしょ》して、氏郷の年寄《としより》衆《しゅう》の蒲生郷成《さとなり》らに、鶴千代への相続が許されたことを報じた。また十七日に家康は、秀吉から娘の振姫《ふりひめ》(七歳)を鶴千代に配し、後見《こうけん》するよう命じられた。三月二十八日には家康邸に秀吉の御成があった。五月三日、江戸に向けて伏見を発つ。

この間、秀次の尾張支配の不備が問題化するなど秀吉・秀次両者の関係は悪化の一途をたどっていたが、七月三日、秀吉は石田三成《いしだみつなり》▲・増田長盛《ましたながもり》▲らを聚楽に遣わし、秀次を詰問させた。八日に伏見の秀吉のもとに呼びだされた秀次は、

▼**石田三成**　一五六〇〜一六〇〇。近江の人。豊臣秀吉に仕え重用される。近江佐和山《さわやま》城主。五奉行の一人。関ヶ原の戦いでは西軍の主将の一人として戦いに敗れ、処刑される。

▼**増田長盛**　一五四五〜一六一五。尾張の人。豊臣秀吉に仕え重用される。大和《やまと》郡山《こおりやま》城主。五奉行の一人。関ヶ原の戦いでは西軍に属す。戦い後、高野山に追放される。

謀叛《むほん》の疑いで関白《かんぱく》の職を奪われて高野山《こうやさん》に逐《お》われ、十五日に自刃《じじん》した。こうしたなか秀吉から上洛するよう命じられた家康は、すぐさま江戸を発ち二十四日には伏見に着いた。秀吉は家康の迅速な上洛をおおいによろこんだ。

秀次事件の直後から秀吉は諸大名に起請文《きしょうもん》を出させていたが、家康も毛利《もうり》輝元《てるもと》・小早川隆景《こばやかわたかかげ》▲と連署で五カ条からなる起請文を提出した。その第一条で秀頼への忠誠を、第二条で「太閤様御法度御置目《たいこうごはっとおんおきめ》」の遵守を、第三条で違反者の糺明を、第四条で「坂東《ばんどう》」の支配は家康が、「坂西《ばんせい》」の支配は輝元と隆景が取り扱うことを、第五条で日常は在京し秀頼へ奉公し、万一下国《げこく》する時は家康と輝元は交互で領国《りょうごく》に帰ることを誓約した。

八月三日には、家康を含めたいわゆる五大老《ごたいろう》連署の「御掟《おんおきて》」「御掟追加」が出される。五カ条からなる「御掟」は、大名の婚姻は秀吉の許可をえること、大名同士の誓紙取交し禁止、喧嘩口論の場では「堪忍」したほうを理運《りうん》とすること、乗物使用の許可要件、が定められている。

九カ条からなる「御掟追加」では、公家・門跡《もんぜき》▲に対して「家々道《いえいえのみち》」を嗜み「公儀《こうぎ》御奉公」につとめること、寺社には寺法・社法を守り学問勤行《ごんぎょう》につとめること、

▼**小早川隆景**　一五三三～九七。父は毛利元就《もとなり》。安芸《あき》小早川氏を継ぎ、元就・輝元を助けた。秀吉の四国・九州・朝鮮出兵に参陣。伊予ついで筑前《ちくぜん》などを領した。一五九五(文禄四)年、養子秀秋《ひであき》に家督を譲る。

▼**門跡**　もと祖師《そし》の流れを継承する法流をさしたが、この時代には皇族・摂関《せっかん》家などの子弟が入る特別の寺格をもつ寺、またその主をさす。

領知《りょうち》の支配は収穫高の三分の二を領主のもの、三分の一を百姓《ひゃくしょう》のものとすること、側室《そくしつ》の制限、直目安《じきめやす》▲の取扱い、大酒の禁止、などが定められている。

「御掟」「御掟追加」は、秀次事件によって惹起された危機的状況への対応として出されたものであるが、その内容は必ずしも整然としたものではない。しかし、広い階層を対象とした法としては豊臣《とよとみ》政権唯一のものといってよく、のちの江戸幕府《ばくふ》のもとで出された「武家諸法度」や「禁中并公家中諸法度《きんちゅうならびにくげちゅうしょはっと》」に先行するものとして注目される。

秀吉は、八月には秀次の城となっていた聚楽第を取り壊し、伏見城建築に際し移築する。九月十七日には家康の嫡子秀忠《ひでただ》と、淀殿の妹である浅井《あざい》氏お江《ごう》との婚姻がなされた。

正二位内大臣叙任

一五九六(文禄五)年、家康は伏見で越年。正月には前田利家・浅野長吉らを招いて茶会を開き、二月には大坂、一度伏見に戻って堺《さかい》にいき今井宗薫《いまいそうくん》を訪れ、三月には九鬼嘉隆《くきよしたか》・前田利長《としなが》・杉原長房《すぎはらながふさ》の屋敷を訪れるなど、おだやかな日々

▼**直目安**　日常の手順を踏まず、上位のものに直接提出した訴状。

をすごしたようだ。

四月二十九日、秀吉の命を受けて、利家とともに菊亭晴季と近衛信輔《このえのぶすけ》の召出しを朝廷《ちょうてい》に求める使いをした。菊亭晴季は、娘が秀次の妻であったためか秀次事件に際して越後《えちご》に配流《はいる》されていた。また近衛信輔は、朝鮮出兵の際に名護屋に赴き朝鮮に渡海しようとしたことをとがめられ薩摩《さつま》に配流されていた。

秀吉は、五月九日、秀頼をともない家康・利家を供に京都へ入り、十三日に参内する。この日の参内は、秀吉と秀頼が同じ牛車《ぎっしゃ》に乗り、供に車の使用を秀吉から許された家康、輿《こし》に乗った利家らを従えてのものであった。十七日、秀吉が禁中で能を催すが、家康も能を演じている。

これに先立つ十一日、家康は正二位内大臣《しょうにいないだいじん》に叙任《じょにん》される。この日、参内し、正二位の御礼として銀子《ぎんす》三〇枚を献上した。同日、利家も従三位大納言《じゅさんみだいなごん》に叙任された。この家康と利家の昇進は十三日の秀吉・秀頼の参内にあわせてなされたものであるが、同時にこの二人の政権内での地位をいちだんと明確化したものでもあった。なお、家康の内大臣任官は、朝廷での決定より以前の四月十四日に秀吉から申し渡されており、十六日には山科言経《やましなときつね》に内大臣任官にあたっての衣裳改め、装束《しょうぞく》の紋について尋ね、言経から家の紋は「葵之丸《あおいのまる》」が然《しか》るべし、と提案された。

五月二十五日には、前年からの秀吉のわずらいで延期されていた惣礼《そうれい》▲が、秀吉とともにはじめての若公(秀頼)への礼として、勅使参向のもと公家・門跡・諸大名らを集めて伏見城で行われた。

六月三日、家康は前田利家と連署し、一五九六年五月まで朝鮮にいた加藤清正《かとうきよまさ》▲の使者からの口上《こうじょう》を聞いた富田知信《とみたとものぶ》に、その口上のようすを秀吉の御機嫌《ごきげん》をうかがいつつ早く言上《ごんじょう》するのがよいだろう、今日は秀吉に御隙《す》きがないならば、明日当番の利家から秀吉に申し上げるが、どうせなら御隙きの時に言上するように、と指示した。ここに「明日当番」と見えるように、おそらく家康も利家同様、当番の一人として秀吉のかたわらに詰めていたと思われる。

閏七月十一日、秀忠伏見邸への秀吉の渡御《とぎょ》にあわせ、家康も秀忠邸にいった。その翌十二日に畿内《きない》一帯で大地震が起こり、普請途中の伏見城は大きな損害をこうむり、家康の屋敷の長倉《ながくら》もくずれた。十九日、前田利家と連署で、秀頼を大坂へ移すこと、伏見城再建にあたっては地形を見極めあらたな御座所《ござしょ》を設定

▼**惣礼**　参会者全員がいっせいに礼をすること。ここでは伏見城に集まった勅使・公家・門跡・諸大名が秀吉・秀頼に対して行った礼。

▼**加藤清正**　一五六二〜一六一一。尾張の人。早くから豊臣秀吉に仕え、賤ヶ岳《しずがたけ》の戦いをはじめ多くの戦陣で戦功をあげる。一五八八(天正十六)年肥後《ひご》半国をあたえられ、熊本城主。関ヶ原の戦いでは国元《くにもと》にいながら東軍に属し、戦後、肥後一国をあたえられる。

するよう秀吉に進言した。その後、秀頼は大坂にくだる。八月二十日には、秀吉が伏見の家康邸での茶湯に訪れている。

六月半ばに明からの使節(冊封使《さくほうし》)▲が堺に入るが、秀吉は大地震のためすぐには引見《いんけん》できず、九月一日ようやく大坂城で使節を引見した。そこで万暦《ばんれき》二十三(一五九五)年正月二十一日付の明皇帝の冊封文と贈られた常服《じょうふく》などを受けとった。この冊封が、日本の敗北承認を前提に出されたものであったことを秀吉は知らなかったようである。従来、秀吉を日本国王に冊封するとの明の対応に秀吉が激怒し、朝鮮再出兵に踏み切ったとされてきたが、そうではなかった。秀吉の激怒は、堺へ戻った明使節が接待のために遣わされた使いの僧に、朝鮮にあるすべての城塞《じょうさい》を破却し軍勢を撤退することを求める書翰を言伝《ことづ》て、それを秀吉が読んだ時のことである。朝鮮使節の記録には「天朝、則ち既に使を遣わして冊封す、我姑《しば》らく之を忍耐す、しかるに朝鮮は則ち礼なくして、ここに至る、今や和を許すべからず」との秀吉の言を記している。これは朝鮮の立場で書かれたものであり、そのまま受けとることはできないが、この段階で秀吉が冊封自体はともかく受け入れ、矛先を朝鮮に向け、朝鮮の「礼」なきことをせめ

▼**冊封使**　ここでは明の皇帝から豊臣秀吉を日本の統治者に任じることを伝える使者のこと。

て、朝鮮使節には会おうとせず、再出兵を決断する。

さて九月五日に伏見を発ち江戸へ下向した家康に、十月十七日付で秀吉から、わずらいをみまうとともに、上洛は家康次第でよいと報じてきた。これに対し家康は、草津《くさつ》の湯を江戸に取りよせ湯治し、隙明き次第に上洛するつもりであると応えた。十月二十七日には「災異」を理由に改元がなされ、年号は慶長《けいちょう》となった。

家康は十二月十五日に伏見に戻る。翌年三月八日、秀吉が催した醍醐《だいご》での花見に従い、二十五日には秀吉の伏見城での茶会に利家らとともに参加した。四月二十七日には秀吉の歳首奉賀《さいしゅほうが》の参内に利家とともに随行した。こうしたなか五月十七日には年頭と、木幡山《こはたやま》にあらたに築城された伏見城へ秀吉・秀頼が移《い》徙《し》▲したことを祝う惣礼が催され、家康もそれに出た。

六月十三日には伏見の屋敷に秀吉を迎え、十八日には方広寺大仏殿《ほうこうじだいぶつでん》の本尊として入洛《じゅらく》した善光寺如来《ぜんこうじにょらい》を見るため知恩院《ちおんいん》に出かけ、二十七日には秀吉がルソン国使〈スペイン領フィリピン〈マニラ〉総督〉のために催した殿中《でんちゅう》での能の席に出た。

▼**移徙**　貴人が転居すること。ここでは本拠を移すこと。

▼**大谷吉継**　一五五九〜一六〇〇。豊臣秀吉に仕え、賤ヶ岳の戦いをはじめ多くの戦陣で戦功をあげる。越前敦賀《つるが》城主。文禄の役《えき》に出陣。関ヶ原の戦いでは石田三成とともに反家康を掲げ戦いを起こすが、戦死。

▼**醍醐の花見**　豊臣秀吉が一五九八(慶長三)年に京都の醍醐寺で行った豊臣家一族の花見。

九月二十四日、伏見の大谷吉継《おおたによしつぐ》邸▲への秀吉の御成に供し、茶を相伴している。二十六日、家康は秀吉・秀頼の供をして伏見より上洛し、翌二十七日には秀頼より贈られた馬の礼に秀頼の京都屋敷に出向き、二十八日は参内する秀頼の供をした。十一月十七日には伏見を発って、江戸へ下向した。

秀吉の死

家康は一五九八(慶長三)年二月末になって江戸を発したようで、三月十五日に伏見に着いた。伏見到着の日は、秀吉の醍醐の花見▲の日であった。これ以降、上杉景勝の会津攻めのために伏見城を出陣する一六〇〇(慶長五)年七月十八日まで、上方に滞在する。

四月十日、伏見の屋敷での茶湯に、秀吉の御成があった。十五日、秀吉・秀頼の上洛に供し、十八日には参賀《さんが》のため参内した秀吉・秀頼に、前田利家とともに供をした。七月十五日には、毛利輝元より家康と利家に宛て、五カ条の起請文が出された。そこには、秀頼への奉公、法度置目の遵守、私の遺恨の企てをしないこと、徒党《ととう》をしないこと、暇《いとま》をえずして下国しないこと、などが記されていた。この日、薩摩の島津義久《しまづよしひさ》▲からもほぼ同文の起請文があげられた。二十一日に秀吉のもとにいき、利家のわずらいのようすを伝えると、秀吉からは養生《ようじょう》第一といわれた。

秀吉は八月五日、死期を悟ったかのように、五大老の家康・利家・毛利輝元・上杉景勝・宇喜多秀家《うきたひでいえ》に宛てた遺書を認めた。

返々、秀より《（頼）》事たのミ申候、五人のしゅ《（衆）》たのミ申候〳〵、いさい《（委細）》五人の物ニ申わたし候、なこりおしく候、以上、

秀より事なりたち候やうに、此かきつけ《（書付）》候しゅとして、たのミ申候、なに事も此ほか《（外）》にはおもひ《（思）》のこす《（残）》事なく候、かしく、

五人に秀吉亡きあとの秀頼の行く末を心から依頼したものである。同じ頃、秀吉は家康・秀忠・前田利家・利長・宇喜多秀家・毛利輝元と、いわゆる前田玄以《げんい》▲・浅野長政（長吉）・増田長盛・石田三成・長束正家《なつかまさいえ》▲ら五奉行《ごぶぎょう》とを召し、死去後のことをこまごまと申し渡した。家康については「ひさびさ律儀なる儀を御覧じ付けられ、近年御懇《ねんご》ろになされ候、そのゆえ、秀頼様を孫婿になされ候のあいだ、秀頼様を御取り立て候て給い候へ」と命じた。

▼**島津義久**　一五三三～一六一一。薩摩の戦国大名。薩摩の守護《しゅご》。薩摩・大隅《おおすみ》を平定。その後、勢力を九州全域に広げるが、一五八七（天正十五）年豊臣秀吉に敗れ服属。朝鮮出兵には弟の義弘《よしひろ》が参陣。関ヶ原の戦いでは国元にあって西軍に属すが、一六〇二（慶長七）年家康から所領《しょりょう》を安堵《あんど》される。

▼**前田玄以**　一五三九～一六〇二。美濃の人。はじめ比叡山《ひえいざん》の僧。のち織田信長に仕え、本能寺の変《ほんのうじのへん》後、織田信雄から京都の奉行を命じられ、ついで豊臣秀吉に仕え所司代《しょしだい》。五奉行の一人。丹波亀山《たんばかめやま》城主。関ヶ原の戦いでは西軍に属したが、戦い後、徳川家康から所領を安堵される。

▼**長束正家**　?～一六〇〇。はじめ丹羽長秀《にわながひで》の家臣《かしん》。長秀死去後、豊臣秀吉に仕える。理財に長じ、五奉行の一人。近江水口《みなくち》城主。関ヶ原の戦いには西軍に属し戦うが、敗れ自刃。

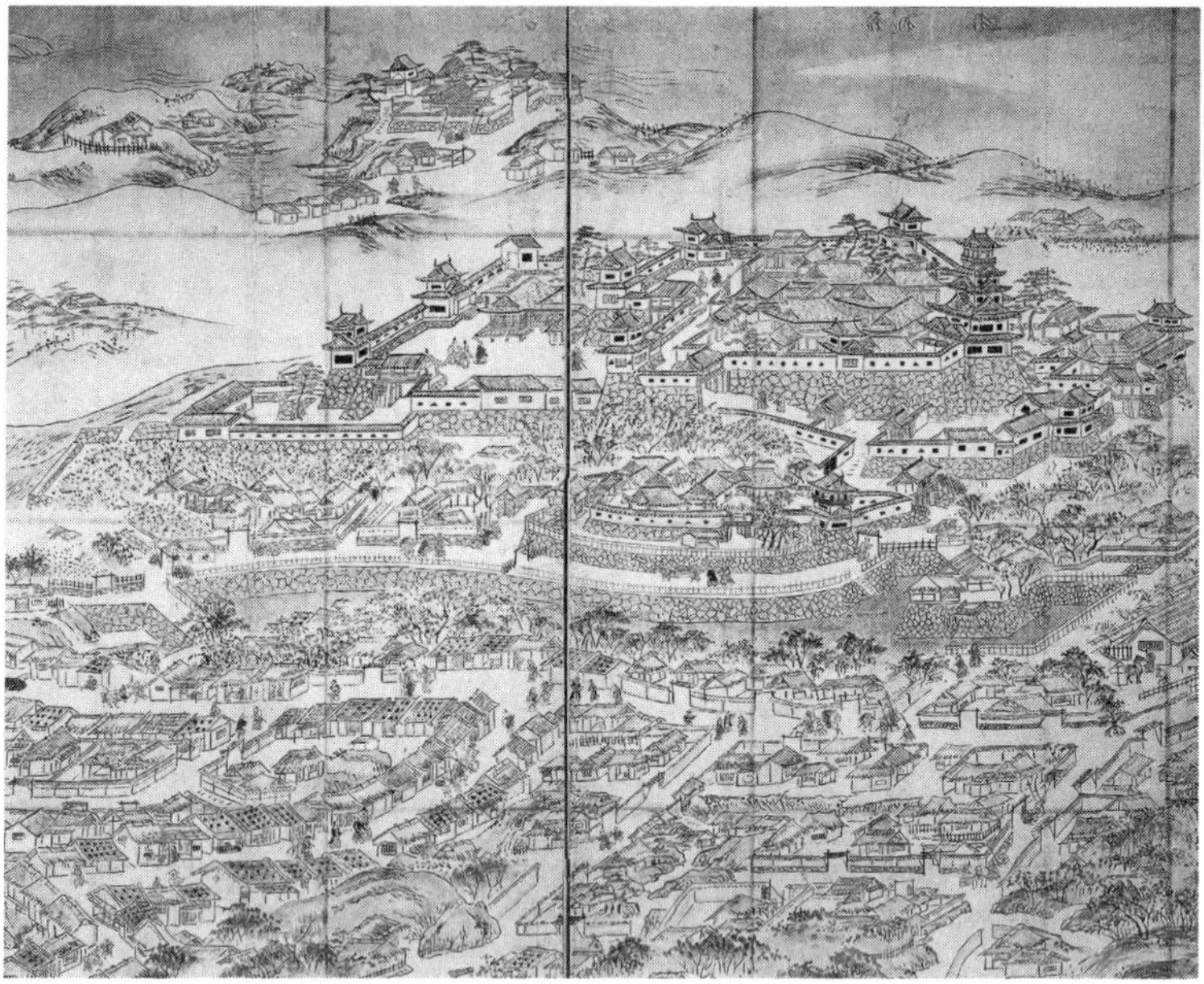

肥前名護屋城(『肥前名護屋城図屛風』)

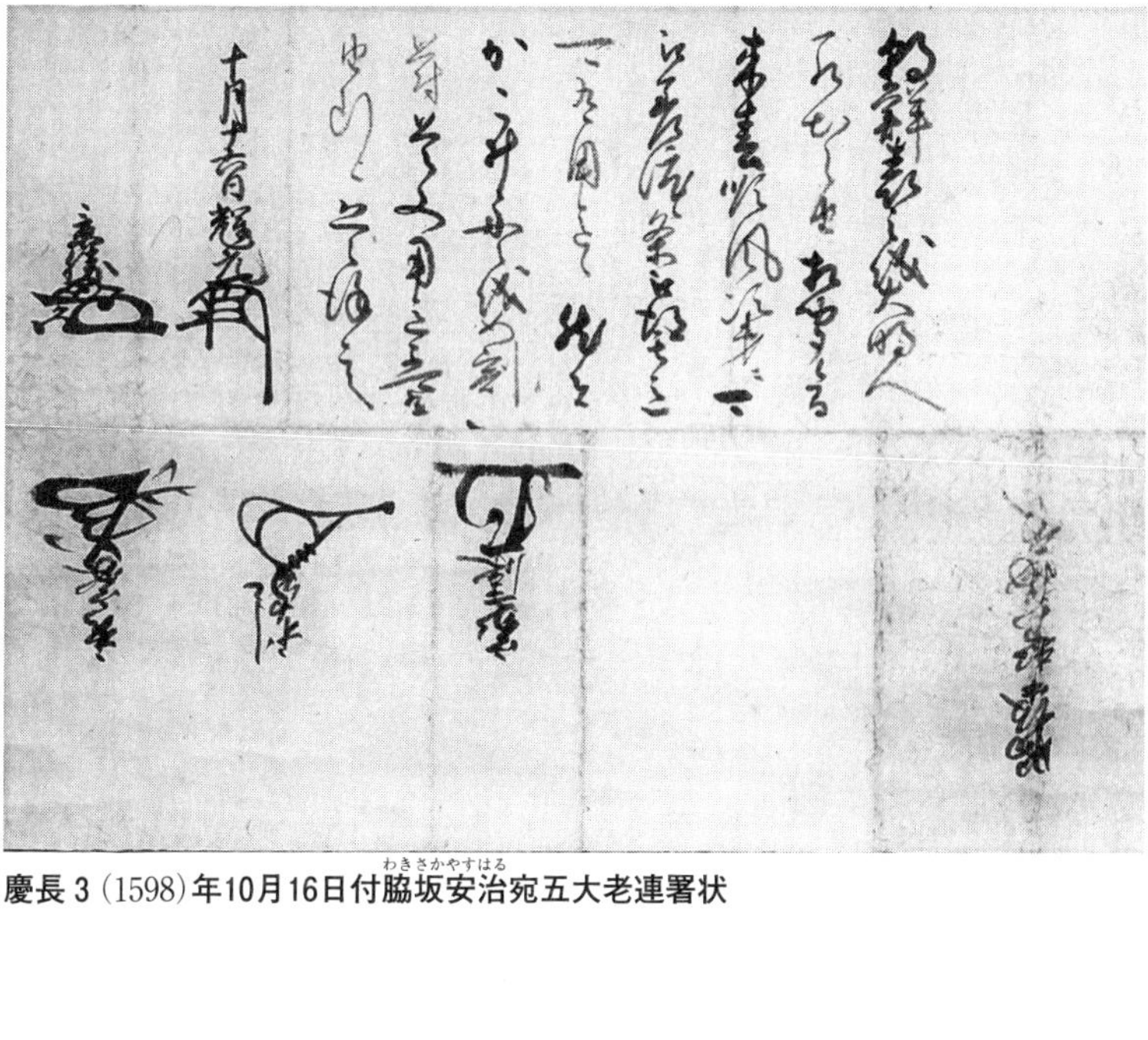

慶長3(1598)年10月16日付脇坂安治《わきさかやすはる》宛五大老連署状

八月五日に家康は、五奉行に宛て起請文を出す。内容は、秀頼への奉公、法度置目の遵守、私の遺恨を企てないこと、徒党しないこと、知行方《ちぎょうかた》については秀頼が成人する前には執り行わないこと、奉公衆に対する讒言《ざんげん》を取り上げないこと、公私とも隠密《おんみつ》の儀は他言しないこと、家康の一類《いちるい》・家来《けらい》に不届きがある時は申し出るよう依頼する、というものであった。

同日、五奉行からも、家康と前田利家にほぼ同文の起請文が出された。八月八日には、家康は五奉行宛に、今日直におおせだされた趣を少しも忘れず、秀頼へ奉公すること、秀忠にも申し聞かせること、隠密におおせだされたことは他言しないこと、の起請文を出した。

八月十日、秀吉の病状が悪化するなか、家康は利家・宇喜多秀家・毛利輝元と連署で、知行方とそれ以外の仕置は以前定めたとおりすえおくこと、今後の仰せはひとまずお受けするが、御本復のうえ、改めて御諚《ごじょう》(おおせ)をえること、知行・仕置については誓紙に定めたとおりに行うこと、の三カ条からなる条々を出した。十一日には五奉行から、家康・利家・秀家に宛て、起請文が出された。そして八月十八日、秀吉が没する。

⑥—天下人家康—大老を越えて

五大老・五奉行制

一五九八(慶長《けいちょう》三)年八月二十八日、家康は、前田利家《まえだとしいえ》・宇喜多秀家《うきたひでいえ》・毛利《もうり》輝元《てるもと》と連署《れんしょ》で、黒田長政《くろだながまさ》▲・立花宗茂《たちばなむねしげ》▲ら朝鮮在陣の武将《ぶしょう》に朝鮮との和議《わぎ》と撤兵《てっぺい》を命じた。こののち、十一月にかけて朝鮮からの帰還について指示する。一方、家康は、この間単独で、朝鮮在陣中の黒田長政や加藤清正《かとうきよまさ》らに朝鮮での戦況を問い、また指示をあたえている。

九月三日、五大老《ごたいろう》・五奉行《ごぶぎょう》が連署する六カ条からなる起請文《きしょうもん》が作成された。そこでは五大老・五奉行体制の維持が誓約された。

十月、後陽成《ごようぜい》天皇はわずらいを理由に、弟の智仁《としひと》親王に譲位したいとの意向を示した。この件について家康は天皇次第との意見をもっていたようであるが、秀吉の定めた良仁《かたひと》親王へ譲位すべきとの意見が大勢を占めるなか、十一月十八日、譲位はまず無用との判断を家康がくだしたことで、この件は先送りとなる。

一五九九(慶長四)年正月、秀頼《ひでより》が秀吉の遺命に従い大坂城に移り、傅役《もりやく》▲の利

▼**黒田長政**　一五六八～一六二三。播磨《はりま》の人。父は孝高《よしたか》(官兵衛《かんべえ》)。豊臣秀吉に仕え、一五八九(天正《てんしょう》十七)年家督を相続し、豊前中津《ぶぜんなかつ》城主。文禄《ぶんろく》・慶長の役に従軍。関ヶ原の戦いの戦功で筑前一国をあたえられる。

▼**立花宗茂**　?～一六四二。筑前の人。筑前立花城主戸次鑑連《べっきあきつら》の養子となる。大友《おおとも》氏に仕えて島津氏の豊後侵入を防ぎ、秀吉から「立花」姓をあたえられたという。柳川《やながわ》城主。朝鮮出兵に参陣。関ヶ原の戦いでは西軍についたことで所領を没収されるが、大坂夏の陣後、柳川城主に返り咲く。

▼**傅役**　幼い者の側にいて、もりをする役。

家も大坂に移った。一方、家康は伏見《ふしみ》に残り政務にあたる。この頃、家康は、秀吉の生前には私に婚姻を結ぶことが禁じられていたにもかかわらず、伊達《だて》・福島《ふくしま》・蜂須賀《はちすか》氏との婚姻を約束した。この件で正月十九日、四大老らから詰問された。この件は家康が譲ることで大略すみ、二月五日には家康と四大老・五奉行のあいだで起請文が取り交わされた。

そして同日、五大老連署で、秀吉のおおせに従い、筑前《ちくぜん》・筑後《ちくご》を小早川秀《こばやかわひで》秋《あき》▲に、越前北庄《えちぜんきたのしょう》二〇万石《ごく》を青木一矩《あおきかずのり》に、山口修弘《やまぐちながひろ》に越前の替地として加賀江《かがえ》沼《ぬま》郡の地を宛行《あてが》った。こののち、五大老連署での知行宛行《ちぎょうあてがい》は、翌年四月まで続く。

「天下殿」家康

閏《うるう》三月三日、前田利家が大坂で没する。これを機に、朝鮮出兵における石田《いしだ》三成《みつなり》の仕置《しおき》に不満をもっていた加藤清正・福島正則《まさのり》・浅野幸長《あさのよしなが》・蜂須賀家政《いえまさ》・黒田長政・藤堂高虎《とうどうたかとら》・細川忠興《ほそかわただおき》の七人の武将が、大坂にいた三成を襲撃しようとした。これを察知した三成は、大坂を逃れ伏見のみずからの屋敷に入る。五

▼**小早川秀秋**　一五八二〜一六〇二。父は豊臣秀吉の正室高台院の兄木下家定《きのしたいえさだ》。秀吉の養子となる。一五九三(文禄二)年、小早川隆景の養子となり筑前名島《なじま》城主。慶長の役の総大将。一五九八(慶長三)年減封され越前北庄に移され、翌年旧領に復す。関ヶ原の戦いでは西軍に属するが、東軍に内応する。戦後、備前《びぜん》岡山城主。

日、この件で書状を送ってきた七人に対し、家康は、三成が伏見にいること、情勢が変われば通報する、と返書した。そして、両者を仲介した家康は九日、福島正則らに三成の佐和山《さわやま》への逼塞《ひっそく》を伝えた。そして翌十日、三成は佐和山へ退去した。ここに五奉行体制の一角がくずれる。十三日、家康は、それまでいた伏見向島《むこうじま》の自邸から伏見城西丸《にしのまる》へ入った。これを伝え聞いた奈良興福寺《こうふくじ》の多聞院英俊《たもんいんえいしゅん》は「天下殿《てんかどの》になられ候」とその日記に記した。家康を「天下殿」と世間はみなしたのである。

四月一日には五大老連署で、海賊船の取締りと違反者の成敗《せいばい》とを立花宗茂と島津義弘《しまづよしひろ》▲それぞれに命じた。八月二十日にも松浦鎮信《まつらしげのぶ》・島津忠恒《ただつね》らに同様の指示をしている。

大名《だいみょう》間での起請文の取交しが禁止されているなか、四月に家康は島津義弘・忠恒父子へ起請文を送り、また伊達政宗《まさむね》から三カ条の起請文を受けとった。四月下旬、家康は諸大名からの端午《たんご》の祝儀《しゅうぎ》を受けて、それに謝す御内書《ごないしょ》を送っている。これは以前にはなかったことで、五大老の地位にありつつ諸大名とのあらたな関係が始まった。

▼**島津義弘**　一五三五〜一六一九。薩摩の人。兄は義久。一五八七(天正十五)年、豊臣秀吉から大隅をあたえられる。文禄・慶長の役に出陣。関ヶ原の戦いでは西軍に属し敗北。鹿児島に逃げ帰り、のち赦される。

四月十六日、秀吉に「豊国《ほうこく》大明神」の神号《しんごう》が朝廷《ちょうてい》よりあたえられ、それを受けて十八日に豊国社《ほうこくしゃ》の正遷宮《しょうせんぐう》が行われた。翌十九日、家康は秀頼の名代《みょうだい》として豊国社に詣でている。

五月十一日には五大老の名で、石田三成を除く五奉行に、五カ条の禁制《きんぜい》を出し、六月一日には宗義智《そうよしとし》▲に朝鮮出兵における数年の損害を認め、米一万石を遣わす旨の連署状を送り、十三日には友松《ともまつ》忠《ちゅう》右衛門《えもん》、荏原《えばら》小五郎《こごろう》に越前府中《ふちゅう》で知行を安堵《あんど》するなど、五大老体制を維持している。

一方、七月、上杉景勝《うえすぎかげかつ》が領国《りょうごく》経営のため新領地となった会津《あいづ》へとくだり、また前田利家の跡を継いだ利長《としなが》も八月には大坂を発ち加賀《かが》金沢《かなざわ》へと、あいついで上方《かみがた》をあとにした。こうして五大老の体制は徐々に弱まり、家康の権限が大きくなっていく。

七月、大泥国《たいに》▲の封海王《ふうかいおう》が、秀頼に土産《みやげ》として珍禽異産《ちんきんいさん》を贈ってきた。その時、家康へも書翰が送られてきた。それに応え家康は「日本国 源《みなもとの》 家康」の名で封海王に書翰を送る。家康の外国への書翰としては、今のところ最初のものである。この書翰には、去年八月に秀吉がにわかに亡くなり、跡を継いだ秀頼が全

▼**宗義智**　一五六八〜一六一五。対馬守護《つしましゅご》。対馬藩主。豊臣秀吉の朝鮮出兵前に朝鮮との交渉を命じられ、一五九一(天正十九)年の通信使来日を実現させる。しかし文禄・慶長の役では、小西行長とともに各地を転戦。関ヶ原の戦い後に朝鮮との国交回復に尽力。

▼**大泥国**　タイ南部、マライ半島東岸の港市。

国に号令し、自分は秀吉の遺命により秀頼を補佐していると述べ、さらに商船の去来、珍品の売買は貴方の欲するところに従うとし、自由な貿易と友好とを示した。ここでは事実上外交権を家康が掌握している。

八月十四日に参内《さんだい》、三献《さんこん》の儀があり、家康は太刀折紙《たちおりがみ》▲銀一〇〇枚・中《なか》折紙一〇〇把《わ》を進上した。この参内のようすは、秀吉の参内の時と変わりはなく、天皇が家康を秀吉と同等に扱ったことになる。いいかえれば、天皇の側が事実上、家康＝「天下人《てんかびと》」と認めたことになろう。

大坂城西丸へ

一五九九（慶長四）年九月七日、家康は秀頼に重陽《ちょうよう》▲の賀《が》を述べるため、大坂に出向き、九日には秀頼への礼をすませた。そして宿所を城内の石田正澄《まさずみ》の屋敷に移し、大坂滞留の意向を示した。二十六日、秀吉の正室《せいしつ》であった高台院《こうだいいん》が突然それまでいた大坂城西丸を出て京都へと去った。それを受けたかのように、家康は西丸に入った。その時のようすを輝元の家臣《かしん》は「二丸（西丸）へ押し入られ候」と報じた。事実上、家康は西丸を軍事的に占拠したことになる。そして

▼**太刀折紙**　太刀を進上する時に用いる品目、数量を記した折紙形式の目録。

▼**重陽**　旧暦九月九日のことで、五節句の一つ。

藤堂高虎に命じ、西丸の曲輪《くるわ》内に天守《てんしゅ》を築造した。九月、家康は、当時在国中の前田利長に上洛《じょうらく》しないよう求めた。利長との関係は、一六〇〇(慶長五)年五月に利長の母芳春院《ほうしゅんいん》▲が人質として江戸《えど》にくだることでひとまず決着する。

一六〇〇年元旦、本丸《ほんまる》の秀頼のもとへ年賀に出た諸将から、家康は西丸で年賀を受けた。また、四月四日、准后《じゅごう》・親王・摂家《せっけ》・公家衆《くげしゅう》の秀頼への礼に際し、家康は秀頼の側《そば》にひかえた。

二月一日に、信濃川中島《しなのかわなかじま》の田丸忠昌《たまるただまさ》に美濃《みの》で四万石、美濃金山《かなやま》の森忠政《もりただまさ》に信濃川中島で一三万七〇〇〇石の領知《りょうち》を宛行った。五大老連署でなく家康単独で出した大名への領知宛行状の最初の事例である。このように家康は、諸将らへの領知宛行権を掌握しはじめている。その一方で、上方に残った毛利輝元・宇喜多秀家とともに、諸将の遺領相続の安堵状を出して、五大老体制はなお維持されている。

三月十六日には、豊後《ぶんご》に漂着したオランダ船リーフデ号を堺《さかい》に回航させ、大坂城で船長クワケルナック、ヤン＝ヨーステン▲、ウイリアム＝アダムス▲らを引《いん》見《けん》した。

▼**芳春院**　一五四七〜一六一七。尾張の人。前田利家の妻。利家と死別後、京都大徳寺《だいとくじ》に芳春院を建てる。関ヶ原の戦いを前に、徳川氏の人質として江戸にいく。

▼**ヤン＝ヨーステン**　?〜一六二三。オランダ人。一六〇〇(慶長五)年、オランダ船リーフデ号で豊後に漂着。徳川家康に仕え、また朱印船貿易家でもあった。

▼**ウイリアム＝アダムス**　一五六四〜一六二〇。日本名、三浦按針《みうらあんじん》。イギリス人。一六〇〇(慶長五)年、豊後に漂着したオランダ商船の航海士。徳川家康に仕え外交顧問となる。相模《さがみ》三浦に所領をあたえられる。

　五月、後陽成天皇から、秀頼に匂袋三〇袋、秀頼の母淀殿《よどどの》に二〇袋、家康に三〇袋、毛利輝元に二〇袋、宇喜多秀家に二〇袋が贈られた。家康への下賜品《かし》の数は、秀頼と同数であり、輝元・秀家を超えている。このことは、天皇が家康を秀頼と同等に、また輝元・秀家とは格差をもって遇していることを示している。

　さらに五月二十五日には、石清水八幡宮《いわしみずはちまんぐう》社務職の争論を単独で裁許し、社務職は社務家四家で順番につとめるよう命じるとともに、社務家四家をはじめ石清水八幡宮の諸坊・諸座・諸役に、八〇通余りの知行宛行状を家康単独で出した。そこには他の五大老の姿はない。

三成・吉継の別心と大坂三奉行の別心

　この頃、会津にくだった上杉景勝が新領地で諸城普請《ふしん》を行い、兵糧《ひょうろう》をたくわえ、武器を大量調達しているとの情報が家康のもとに届いた。それに対し、四月、家康は西笑承兌《せいしょうじょうたい》▲を通じて景勝を詰問、上洛を求めた。しかし、景勝はそれには応じなかった。こうしたなかで上杉攻めが決断される。六月十五日、家

▼**西笑承兌**　一五四八〜一六〇七。織豊《しょくほう》・江戸初期の臨済僧《りんざい》。相国寺《しょうこくじ》九十二世住持。鹿苑僧録《ろくおんそうろく》を長くつとめる。豊臣秀吉・徳川家康に用いられ外交文書を担当。

康は秀頼への暇乞《いとま》いのため本丸へいき、秀頼から金二万枚・米二万石などの餞《はなむけ》を受けた。このことは、会津上杉攻めが豊臣《とよとみ》政権の意志であることを示すものである。家康は十六日、大坂城を出て伏見城に入り、十七日に豊国社へ社参し、十八日に伏見城を出陣した。そして七月二日、江戸城に入った。

家康は七月七日、会津攻めのため一五カ条の軍法を出し、会津攻めの日時を二十一日とするとともに、北国《ほっこく》・出羽《でわ》からの軍勢の配置を決めた。一方上方では、十一日、石田三成・大谷吉継《おおたによしつぐ》の反家康の動きが明確となる。これに対し十二日、前田玄以《げんい》・増田長盛《ましたながもり》・長束正家《なつかまさいえ》の三奉行は、家康と毛利輝元に上洛を求める書を送った。この段階では三成・吉継と三奉行の立場は大きく違っていた。

しかし、この報は江戸にいた家康のもとへすぐには届いていない。一方、毛利輝元は広島を十五日に発ち、十六日夜に大坂へ着き、西丸にいた家康勢を追い出し、十九日に大坂城西丸に入った。輝元が大坂に着いた翌十七日、前田玄以・増田長盛・長束正家の三奉行は、一転して家康への対決姿勢を示し、挙兵を呼びかける檄文《げきぶん》を「内府《ないふ》(徳川家康)ちがいの条々」とともに諸大名に送った。弾劾文《だんがいぶん》のおもな内容は、五大老・五奉行があげた誓紙への違犯《いはん》、知行方の恣意的扱い、伏見城の占拠、高台院の居所であった大坂城西丸に入り、そこに本丸のごとき天守をつくったこと、などである。

三成・吉継「別心」の報は早くて十九日、遅くとも二十日には江戸の家康のもとに届いていたようである。家康は、この報をえるも、予告どおり二十一日に江戸城を発った。二十三日には最上義光《もがみよしあき》に、三成・吉継の動静を伝え、ひとまず軍勢の進行をとめるよう報じるとともに石田勢の動きをとめるため家康の上洛を求めた三奉行からの書状を送った。この三奉行からの書状は、いまだ反家康ではなく、石田勢の動きをとめるため家康の上洛を求めたものである。

同日、家康は、大坂にあって家康に通じてきた山崎家盛《やまざきいえもり》と宮城豊盛《みやぎとよもり》の両人に、大坂のようすを報じてきたことを満足とし、近いうちに上洛する、と返事した。この段階で、家康は会津攻めを中断し上洛を決断していたことになる。

七月十九日、三成に与した小早川秀秋・島津義弘らは、家康の将鳥居元忠《とりいもとただ》▲らが守る伏見城攻撃を開始し、八月一日に落とす。

二十五日、家康は下野《しもつけ》小山《おやま》に会津攻めに参陣していた諸将を集め、談合の結果、会津攻めの延期と兵を返し上方へのぼることを決めた（小山評定）。そして

▼**鳥居元忠**　一五三九〜一六〇〇。家康に仕え、本能寺の変のあとの甲斐《かい》侵攻後、甲斐郡内の地を、家康の関東入部後は下総《しもうさ》矢作《やはぎ》四万石を領す。関ヶ原の戦いに際しては伏見城で壮絶な戦いのうえ戦死。

この日、三奉行の一人である長束正家に書状を送り、上方にのぼる「惣人数」の扶持方《ふちかた》として八万石ほどを準備し、近江水口《おうみみなくち》で渡すよう指示した。ここから、この段階でも三奉行の反家康の動きを家康は把握していなかったことが確認できる。二十六日には福島正則や池田輝政《いけだてるまさ》ら上方衆▲が小山を発って上方へ向かう。

上方衆が下野小山を発った直後、家康は三奉行「別心」の報を手にした。三成・吉継の謀叛《むほん》の段階とは明らかに異なる状況となった。そこで家康は、秀忠《ひでただ》を宇都宮《うつのみや》に残し、みずからは八月五日に江戸に戻り、その後一カ月近く江戸を動かず、態勢の立直しにかかり、さきに上方にのぼった諸将の動向を注意深く見極め、また大和《やまと》・美濃・飛騨《ひだ》の諸将の調略を進めた。

関ヶ原の戦い

八月十三日、家康は尾張《おわり》・美濃に在陣する諸将のもとに家臣の村越直吉《むらこしなおよし》を派遣し、その地のようすを報告するよう求めるとともに、出馬の準備を油断なくしている、と伝えさせた。二十三日、福島正則・池田輝政らは、西軍の最前線にあった岐阜城を一日で落城させた。二十七日、岐阜城が陥落したとの報を受

▼上方衆　ここでは上杉攻めのために関東までくだっていた駿河《するが》から西に領地をもった武将たち。

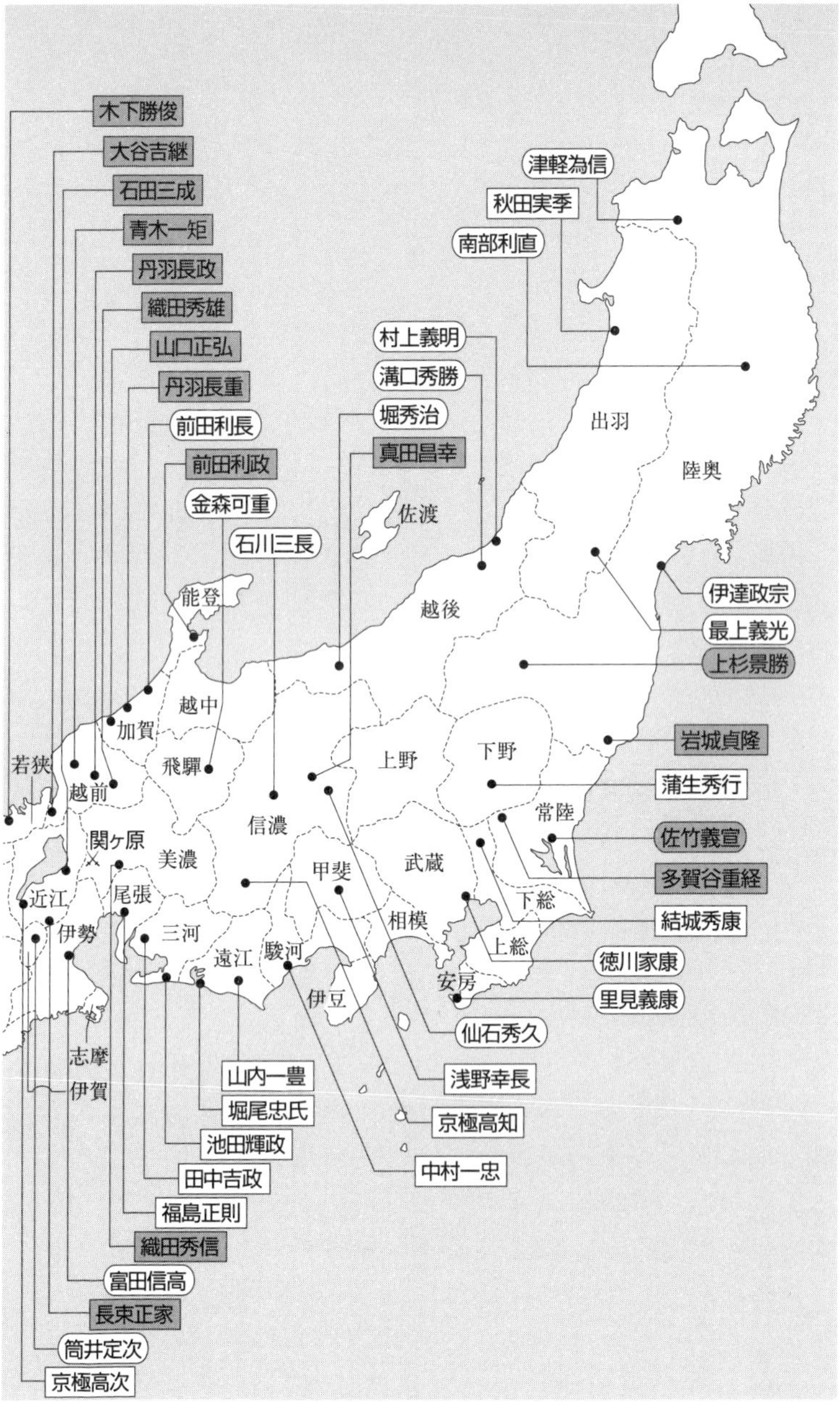
木下勝俊
大谷吉継
石田三成
青木一矩
丹羽長政
織田秀雄
山口正弘
丹羽長重
前田利長
前田利政
金森可重
石川三長
堀秀治
真田昌幸
溝口秀勝
村上義明
津軽為信
秋田実季
南部利直
伊達政宗
最上義光
上杉景勝
岩城貞隆
蒲生秀行
佐竹義宣
多賀谷重経
結城秀康
徳川家康
里見義康
仙石秀久
浅野幸長
京極高知
中村一忠
山内一豊
堀尾忠氏
池田輝政
田中吉政
福島正則
織田秀信
富田信高
長束正家
筒井定次
京極高次
出羽
陸奥
佐渡
越後
能登
越中
加賀
越前
若狭
飛驒
信濃
上野
下野
常陸
下総
上総
安房
武蔵
相模
甲斐
伊豆
駿河
遠江
三河
尾張
美濃
関ケ原
近江
伊勢
志摩
伊賀

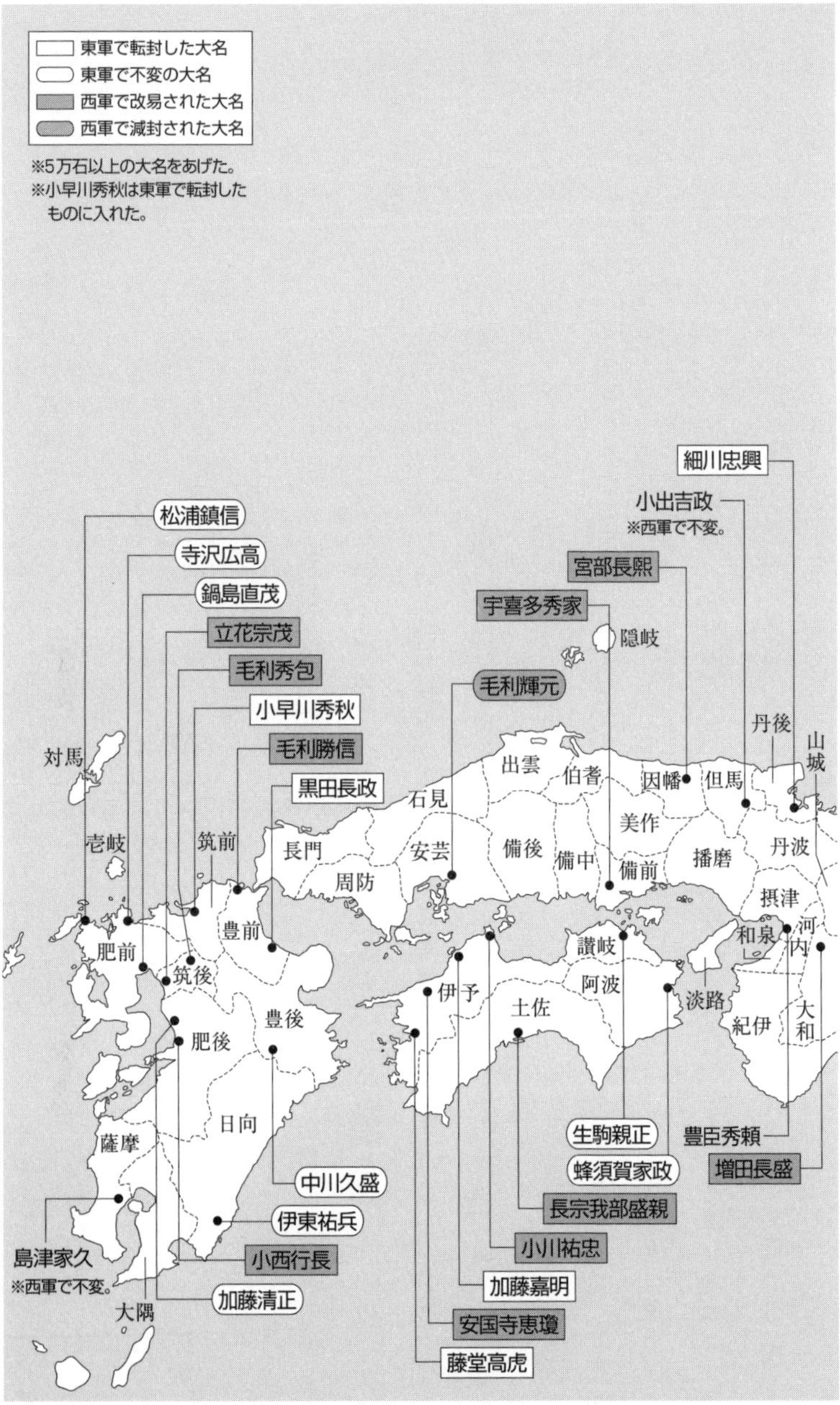

関ヶ原の戦い直前の大名配置(藤井讓治『江戸開幕』集英社をもとに作成)

けた家康は、福島正則ら諸将に岐阜城陥落の功を賞し、秀忠が中山道《なかせんどう》を押しのぼり、みずからは東海道《とうかいどう》を進むので、家康・秀忠の到着を待つよう申し送った。そして、九月一日、江戸を発ち、十四日正午に諸将の待つ美濃赤坂《あかさか》に入った。この間、前線の大名たちから注進があいついで届き、それを受けてその都度指示を出した。

十五日早朝、赤坂を出て関《せき》ヶ《が》原《はら》桃配山《ももくばりやま》に陣をおいた家康率いる東軍と、前夜大垣《おおがき》から関ヶ原の西縁の山麓に陣を移した西軍とが、近江境に近い山中で激突した。戦闘は辰刻《たつのこく》(午前八時)に始まり、両軍一進一退の激戦となるが、山中の西南に位置する松尾山《まつおやま》に陣を張っていた小早川秀秋が東軍へ寝返ったことで一気に決着へと向かった。

戦いの翌日十六日には、三成の居城佐和山へと軍勢を進め、十八日には城を落とし、二十日に大津城《おおつ》に入った。二十四日、小早川秀秋に関ヶ原での忠節を賞し、今後は秀忠同様と考え、疎略には扱わない、と申し送った。関ヶ原の戦い直前に始まった毛利との交渉は合戦《かっせん》後に再開され、分国《ぶんこく》の安堵、大坂城西丸の明渡しということでひとまず決着する。

関ヶ原後の論功行賞

九月二十六日、大津城を出た家康は翌二十七日に大坂に着き、大坂城本丸で秀頼に会い、ついで西丸に入った。公家の山科言経《やましなときつね》は二十六日の日記に「内府(家康)大坂へ御出也《なり》云々、秀頼卿和睦《わぼく》也云々」と記したように、この戦いは豊臣・徳川の戦いとみられていた。

二十九日、生け捕られた石田三成・小西行長《こにしゆきなが》・安国寺恵瓊《あんこくじえけい》の三人は、大坂・堺で市中引廻しの刑に処され、十月一日には京都で引廻しのあと六条河原《ろくじょうがわら》で切り殺され、三条大橋《さんじょうおおはし》に晒された。

毛利輝元に対しては、当初は領国を認めるとしていたが、奉行衆の逆心にあたって大坂城西丸に入り、諸方への回状《かいじょう》に加判《かはん》するなどしたことはとがめずにはおけないとし、領知を大きく削減し長門《ながと》・周防《すおう》の二カ国をあたえた。

領知を没収された大名の総数は八七人、石高《こくだか》は四一五万石にのぼった。また、減知された石高も二〇八万石におよんだ。さらに、二二二万石におよんだ豊臣氏の蔵入地《くらいりち》▲は、実質的には摂津《せっつ》・河内《かわち》・和泉《いずみ》を中心に六五万石に削減された。この結果、家康が論功行賞に宛てることのできた石高は七八〇万石にのぼった。

▼**蔵入地**　領知のうち家臣への知行地以外でみずから年貢《ねんぐ》などを徴収する直轄地。

この高は当時の日本全体の石高一八五〇万石の約四〇%にあたり、その規模がいかに大きかったかを示す数字である。

論功行賞は、家康が大坂城西丸に入った直後から始まる。福島正則に安芸《あき》・備後《びんご》をあたえるにあたって、家臣の本多忠勝《ほんだただかつ》と井伊直政《いいなおまさ》を正則のもとに派遣し、これで不足がないかを質したうえで決定している。この両国宛行は正則の了解をえてなされていることも注目されるが、そこには秀頼の影はまったくみえず、論功行賞は家康の手で行われた。

論功行賞にあずかった大名は一〇四人、その石高は六三五万石にのぼる。このうち、関ヶ原前後に家康に服属した外様《とざま》大名は五二人、四二二万石であった。一門《いちもん》・譜代《ふだい》で論功行賞にあずかった者は五二人、二一二万石である。

大名の配置という視点からみれば、東海道諸国に領知をもっていた豊臣系の大名たちは、中国・四国などへ加増転封《てんぽう》され、その跡にはおもに関東にいた一族・譜代大名が移され、江戸と京都を結ぶ東海道がほぼ掌握された。

「豊臣氏との戦いではない」とした関ヶ原の戦いの名分とは別に、西軍諸将の領知没収と東軍諸将への領知宛行が家康の手でなされたことは、実質的には家康が天下を掌握したことを意味するが、領知宛行に際して家康はみずから領知宛行状を出すことができなかった。これはこの段階における家康の名分上の地位が、豊臣氏の重臣からなお抜け切れていなかったからであろう。

一方、禁裏《きんり》・公家・門跡《もんぜき》に対しては、一六〇〇(慶長五)年十月初め、その所領を調査し、十一月には禁裏御料所《ごりょうしょ》を進献、また公家衆領知を加増、さらには山城国《やましろのくに》以外にある領知を山城国内に移すことを奏請《そうせい》した。これをふまえて一六〇一(慶長六)年五月に禁裏・女院《にょいん》などへ知行を進献したほか、門跡・公家への知行割《ちぎょうわり》を行った。

十二月十九日、家康の奏請で九条兼孝《くじょうかねたか》が関白《かんぱく》に任じられた。ここに豊臣氏による関白職世襲の道は閉ざされた。他方、家康は一六〇一年五月十一日、関ヶ原の戦い後はじめて参内する。

豊臣秀頼は、一六〇一年元旦に大坂城本丸で諸大名の年賀を受けるが、西丸にいた家康は、年末より体調をくずしており、元日の諸大名からの年頭礼を取りやめ、十五日に年賀を受けた。

家康は、三月二十三日に大坂から伏見に移り、以後は伏見を拠点とする。家

▼今井宗薫　一五五二〜一六二七。和泉堺の人。父は今井宗久《そうきゅう》。豊臣秀吉の茶頭《さどう》。大坂冬の陣に際し徳川方への内通の疑いで大坂城に監禁される。夏の陣では家康に従い、のち茶頭として仕える。

▼本多正信　一五三八〜一六一六。三河《みかわ》の人。家康に仕えるが、三河一向一揆《いっこういっき》の際離反。のちに帰参。家康関東入部後、年寄《としより》の一人として重用。秀忠の将軍襲職後は秀忠付の年寄となる。

▼板倉勝重　一五四五〜一六二四。三河の人。はじめ出家するが還俗《げんぞく》。一五八六(天正十四)年駿府《すんぷ》町《まち》奉行、関東入部に際し江戸町奉行となる。一六〇一(慶長六)年所司代となり、子の重宗《しげむね》に譲るまで一八年間つとめる。

康が伏見へ移ったのを聞いた伊達政宗は、家康側近の一人今井宗薫《いまいそうくん》▲に、「秀頼が幼少のあいだは江戸か伏見で家康の側におき、『おとなしく』成人した時には家康の分別次第で取り立てるか、また秀頼が日本の御置目《おんおきめ》などを取り行える人物と家康が判断された時には二、三カ国を進めてはいかがか、ただ今のように大坂に『ふらりとして』おくのは、時分をみて世の『いたつら者』が出て、秀頼を主として謀叛を起こしかねない」とみずからの考えを述べ、側近の本多正信《まさのぶ》▲を通じて家康の耳に入れるよう依頼した。

十月六日、江戸に戻るため暇乞いに大坂にいき、七日までに伏見に戻った。そして十二日に伏見を発った。

この年の正月中のことだが、東海道宿駅《しゅくえき》に伝馬《てんま》制を定め、また五月には、伏見に貨幣鋳造のため銀座をおき、大黒常是《だいこくじょうぜ》に統轄させた。八月二十八日には関ヶ原の戦い直後に約束されていた前田利光《としみつ》(利常《としつね》)と秀忠の二女珠姫《たまひめ》(子々《ねね》姫)との婚儀がなされた。九月には板倉勝重《いたくらかつしげ》▲と加藤喜左衛門《かとうきざえもん》を所司代《しょしだい》とすることで、京都を掌握下においた。

家康は一六〇一年十月には、安南国《あんなん》(現ベトナム)阮潢《グエンホアン》、「呂宋太守《ルソンたいしゅ》」(スペイン

▼**源氏長者**　本姓を源とする者のうち官位が高い人が天皇より任じられた。

▼**義演**　一五五八～一六二六。父は二条《にじょう》晴良《はるよし》。醍醐寺座主《ざす》。豊臣秀吉の帰依《きえ》を受け、醍醐寺を復興。著作に『義演准后日記』がある。

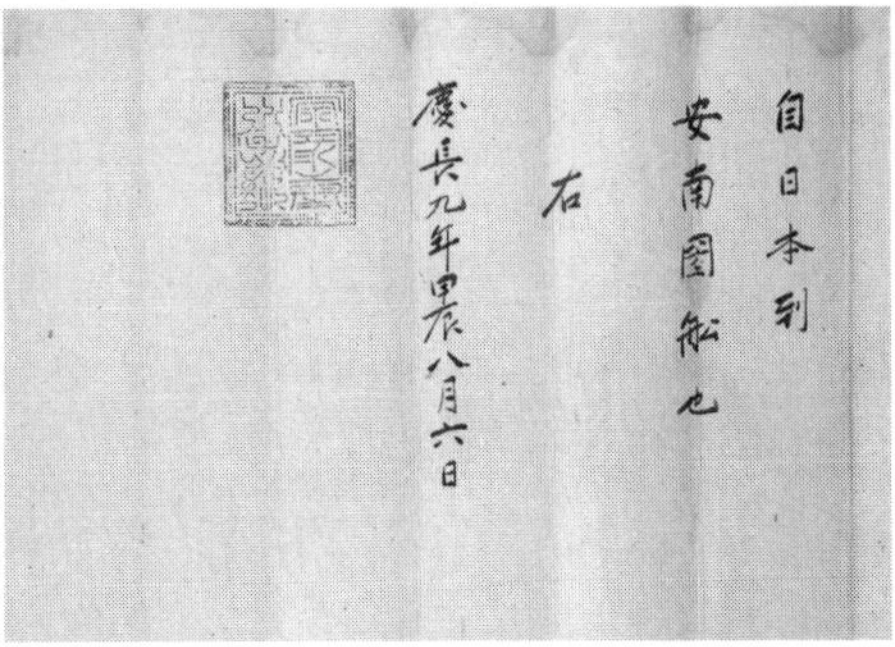
自日本到
安南國舩也
右
慶長九年甲辰八月六日

家康渡航朱印状（慶長九〈一六〇四〉年八月六日付）

領フィリピン総督）に復書《ふくしょ》を送り、この書に捺した朱印《しゅいん》をもたぬ日本船の交易を禁ずるよう報じた。いわゆる朱印船《しゅいんせん》貿易である。さらに「呂宋太守」へ「去歳凶徒叛逆を作《な》すといえども、一月の間に遺余なくこれを誅伐、ゆえに海陸安政、国家康寧」と申し送った。このように豊臣政権の大老《たいろう》という地位になおありながら、外交権はこの段階で家康が握っている。

一六〇二（慶長七）年正月上洛した家康を後陽成天皇は源氏長者《げんじちょうじゃ》▲に補任しようとするが、家康はそれを固辞した。一方、三月十三日には秀頼への年頭の礼のため大坂へ下向《げこう》し、礼をすませ、十五日に伏見に戻った。

四月十一日には島津龍伯《りゅうはく》（義久《よしひさ》）に誓紙を送り、薩摩《さつま》・大隅《おおすみ》・日向《ひゅうが》諸県郡を安堵し、島津忠恒への家督相続を認め、かつ関ヶ原で西軍に属して戦った島津義弘についても異議なし、とした。五月には諸大名に二条《にじょう》城の普請を、六月には伏見城の修築を命じた。

十二月晦日《みそか》、家康は、諸大名に年頭の礼はまず秀頼にするよう命じる。醍醐《だいご》寺三宝院《じさんぼういん》の義演《ぎえん》▲は、この日の日記に、秀頼に関白宣下《せんげ》が、秀忠に将軍宣下があるとの噂《うわさ》を記し、秀頼の関白宣下については「珍重《ちんちょう》々々」と思いを記している。

伏見城天守閣(『洛中洛外図《らくちゅうらくがいず》屏風《びょうぶ》』)

▼**随身兵仗**　近衛府生《ふしょう》・内舎人《うどねり》などの下級武官を随身(供《とも》)としてめしつれること。

▼**淳和・奨学両院別当**　淳和院と奨学院の別当職のこと。久我《こが》、中院《なかのいん》両家によって世襲されたが、足利義満《あしかがよしみつ》が源氏の長者となってこの職を奪ったのち、将軍職にともなうものとなった。

また、毛利輝元は翌年正月十日付の書状で、家康が将軍に、秀頼が関白になるとの風聞を伝えている。家康の将軍宣下を前に、さまざまな噂が巷《ちまた》を飛び交っていた。

将軍宣下

一六〇三(慶長八)年正月一日に秀頼への年頭の礼をすました諸大名から、家康は伏見城で二日に年頭の礼を受けた。そして、二月四日、大坂へ下向し秀頼への年頭の礼を終え、翌日伏見へ戻った。このようにこの時点まで、家康は豊臣政権の後継者である秀頼に臣下《しんか》の礼をとっている。これに先立つ正月二十一日、天皇から将軍補任の内意が伝えられた。これに対し家康は、「かたしけなきよし」と謝意をあらわし、天皇の申出を受けた。

そして二月十二日、伏見城に勅使《ちょくし》を迎え、家康は征夷大将軍《せいいたいしょうぐん》に任じられる。この将軍宣下と同時に、家康は源氏長者に補任され、牛車《ぎっしゃ》・随身兵仗《ずいしんひょうじょう》▲を許され、また源氏長者がその職に任じられる淳和《じゅんな》・奨学両院別当《しょうがくりょういんべっとう》▲に任じられ、そのうえで右大臣に昇進した。

家康にとって征夷大将軍任官は、すでに手にしていた天下人の地位を、将軍という武家《ぶけ》の伝統的な官職によって名をともなったものとした。そして将軍補任直前まで行ってきた秀頼への礼も、将軍任官後はなくなり、また諸大名の秀頼への礼は、特別な例を除き姿を消し、諸大名の礼は家康へのもののみとなる。すなわち将軍宣下は、家康が豊臣政権の五大老の一人としての地位から脱し、武家の棟梁《とうりょう》として、その頂点に名実ともに立つための重要な契機となった。三月二十一日、二年前から築造してきた二条城に入り、二十五日には将軍宣下の御礼として、牛車にて参内した。

三月三日には、江戸の大規模開発に着手する。外様・譜代に限らず東西七〇人余りの大名を動員し、神田山《かんだやま》を掘りくずし、豊島《としま》の洲《す》・日比谷入江《ひびやいりえ》を埋め立てさせ、そこに町屋《まちや》を移した。その後に江戸城の縄張りを藤堂高虎に命じ、西《さい》国《ごく》の大大名を石垣《いしがき》普請に動員した。

七月二十八日には大坂の秀頼（一一歳）のもとに、秀忠の娘千姫《せんひめ》▲（七歳）が輿入《こしい》れした。

寺院政策をみると、一六〇三年四月十日、雲如梵意《うんにょぼんい》に鎌倉景徳寺《かまくらけいとくじ》の住持職《じゅうじ》に

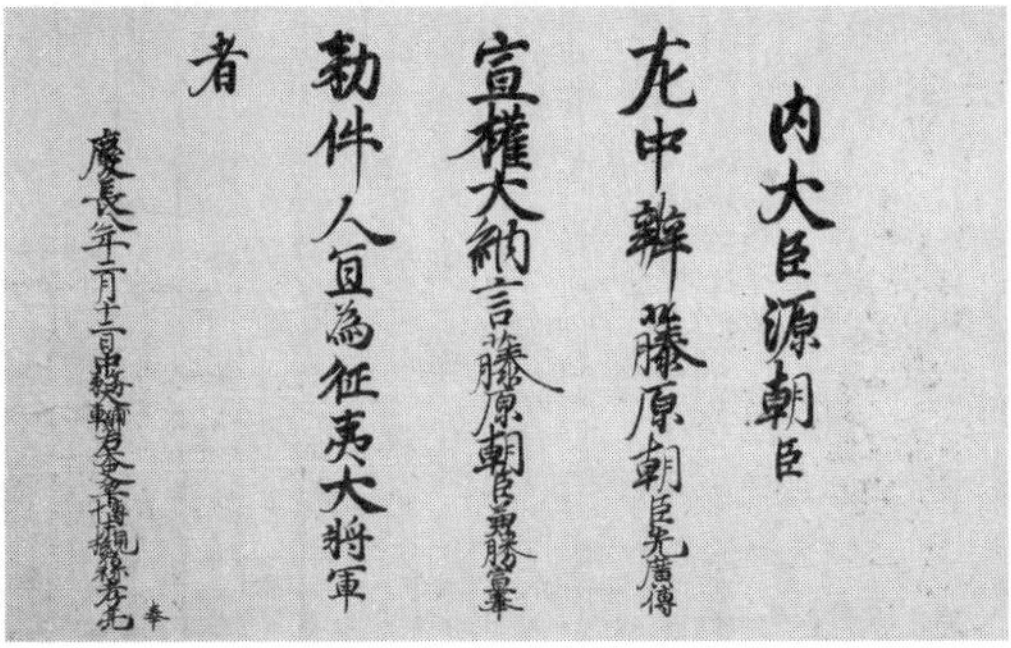

▼千姫　九九ページ参照。

徳川家康征夷大将軍宣旨（慶長八〈一六〇三〉年二月十二日付）

任じる公帖《くじょう》▲を出した。今のところ家康が出した最初の公帖である。これまでは秀吉が出していたものであり、将軍職を秀忠に譲るまで家康による発給は続く。寺院の争論については、一六〇三年十月七日、三宝院義演と聖護院興意《しょうごいんこうい》とのあいだで起きた修験者大行院《しゅげんじゃだいぎょういん》への金襴《きんらん》の袈裟《けさ》許可をめぐる争論を裁許している。

一六〇四(慶長九)年正月二十七日、江戸に参勤した松前慶広《まつまえよしひろ》▲に、蝦夷《えぞ》統治に関する三カ条の定をあたえた。三月二十九日上洛した家康は、四月五日に諸大名・公家衆より年頭の礼を受けた。六日には、秀頼の使者の片桐且元《かたぎりかつもと》からも年頭の礼を受け、秀頼からは金一〇枚が進められた。これ以降、毎年、秀頼から年頭の使者が家康のもとに送られている。八月十四日・十五日に行われた豊国社臨時祭の準備・執行にさまざまに口を出すが、当日の祭礼には出ていない。

五月、長崎貿易の掌握を意図して、ポルトガル人のもたらす生糸《きいと》を公定値段で一括購入する糸割符《いとわっぷ》制を施行した。この当時、もっとも安定的に大量の中国産の生糸を長崎にもたらしたのはポルトガル人であった。

七月十七日、秀忠二男の竹千代《たけちよ》、のちの家光《いえみつ》が江戸城西丸で誕生している。

▼**公帖**　官寺《かんじ》である禅院《ぜんいん》の住持を任命する辞令書。

▼**松前慶広**　一五四八〜一六一六。蝦夷松前藩主。父は蠣崎季広《かきざきすえひろ》。豊臣秀吉の奥羽《おうう》仕置のあと秀吉に仕える。文禄の役に際し名護屋《なごや》へ参陣。一六〇四(慶長九)年、家康からアイヌとの交易権の独占を公認される。

⑦ 大御所——実権の具体像と秀忠への権力移譲

大御所が掌握した権限

家康は大御所《おおごしょ》▲となって以降も政治の実権を掌握し続けたとされる。ここでは、家康が掌握した実権の具体的内容を、秀忠《ひでただ》との関係に注目しつつみていこう。

一六〇五(慶長《けいちょう》十)年四月、将軍職を秀忠に譲った家康は、江戸《えど》城の主を秀忠とし、諸大名《だいみょう》を江戸にも参向《さんこう》させ、なお形式的ではあるが秀忠を武家《ぶけ》の棟梁《とうりょう》とし、徳川氏の譜代家臣《ふだいかしん》と関東を中心とした所領《しょりょう》支配を秀忠のものとし、加えて家康以来の年寄《としより》、大久保忠隣《おおくぼただちか》▲と本多正信《ほんだまさのぶ》を秀忠につけた。

一方、大御所となった家康は、しばらくは江戸と伏見《ふしみ》を居所とするが、一六〇七(慶長十二)年以降は駿府《すんぷ》を本拠とし、それまで毎年行っていた上洛《じょうらく》、伏見滞在をしなくなる。また、所司代《しょしだい》の板倉勝重《いたくらかつしげ》を朝廷《ちょうてい》・西国《さいごく》支配の要《かなめ》として自身の配下に残し、本多正信の子の正純《まさずみ》▲を側《そば》近くにおき、大久保長安《ながやす》▲・成瀬正成《なるせまさなり》・安藤直次《あんどうなおつぐ》・村越直吉《むらこしなおよし》らを駿府年寄衆▲とした。さらに西笑承兌《せいしょうじょうたい》・以心崇伝《いしんすうでん》▲・南《なん》光坊天海《こうぼうてんかい》▲、林羅山《はやしらざん》などの僧侶・学者、日野唯心《ひのゆいしん》などの公家《くげ》、後藤光次《ごとうみつつぐ》・茶屋《ちゃや》

▼**大御所**　鎌倉《かまくら》時代以降、親王・公家・将軍などの隠居所をさし、のちにはその人をさした。ここでは家康のこと。

▼**大久保忠隣**　九九ページ参照。

▼**本多正純**　一〇〇ページ参照。

▼**大久保長安**　九二ページ参照。

▼**駿府年寄衆**　家康が駿府に居を移してからの年寄衆。

▼**以心(金地院《こんちいん》)崇伝**　九九ページ参照。

▼**南光坊天海**　?～一六四三。陸奥《むつ》の人。天台僧。関ヶ原《せきがはら》の戦い後、徳川家康の帰依《きえ》を受け延暦寺再興に寄与。家康死後、山王一実《さんのういちじつ》神道《しんとう》の立場から家康の権現《ごんげん》号を主張。日光東照宮《とうしょうぐう》創建に深く関与。一六二五(寛永《かんえい》二)年、江戸上野に寛永寺《かんえいじ》を創建。

四郎次郎《しろうじろう》・長谷川藤広《はせがわふじひろ》・亀屋栄任《かめやえいにん》などの代官《だいかん》的豪商《ごうしょう》、外国人ウイリアム＝アダムス（三浦按針《みうらあんじん》）・ヤン＝ヨーステンなど多様な人材をめしかかえた。

将軍職を秀忠に譲る前年の八月、家康は、諸大名に国ごとに村高《むらたか》を記した郷帳《ごうちょう》と国絵図《くにえず》の作成を命じた。江戸幕府《ばくふ》による大名領知《りょうち》のみならず、全国土の把握を意図したものである。秀忠の将軍襲職後に完成した郷帳・国絵図は、将軍秀忠ではなく大御所家康に提出された。

一六〇七年二月、伏見から駿府に居所を移すにあたって駿府城の普請《ふしん》を北国《ほっこく》・西国の大大名に命じ、十二月に失火で城が焼失すると、再建を九州・四国・中国の諸大名に命じて行った。さらに同年、伏見から駿府に居所を移すにあたって、畿内《きない》五カ国とその周辺の諸大名に、夫役《ぶやく》を課し、伏見城に貯えられた金銀・器財を駿府に運ばせた。天下の政治をみる場が、伏見から駿府へと移ったことを象徴的に示す出来事である。

全国の金銀山の支配も家康が握った。これを担ったのは、駿府年寄衆の一人であった大久保長安▲であったが、長安は石見《いわみ》・佐渡《さど》の金銀山の増産に寄与し、また美濃《みの》・大和《やまと》などにあった幕府領の支配にもあずかっていた。一六〇九（慶

▼**大久保長安**　一五四五～一六一三。甲斐《かい》の人。猿楽師《さるがくし》の子という。甲斐武田氏滅亡後、大久保忠隣に仕え、忠隣の推挙で家康に仕える。駿府年寄衆の一人。石見・佐渡など金銀山の奉行となり、また各地の検地《けんち》を担った。権勢すこぶる大きかったが、死後、生前の不正を理由に、遺子七人が切腹させられる。

▼**灰吹銀**　銀鉱石に鉛《なまり》をまぜて取りだした合銀鉛に灰をまぜ精錬し取りだした銀のこと。

長十四)年五月三日には諸国に令し、灰吹銀《はいふき》▲などの吹分けを禁じた。

朝廷との関係では、一六〇六(慶長十一)年四月、武家伝奏《てんそう》▲に武家の官位《かんい》につ いては朝廷への家康の推挙なくあたえないよう求めた。一六〇九年、後陽成《ごようぜい》天皇に仕える官女と若公家衆との密通事件が起こり、天皇は厳罰をもって処罰するよう家康に求めるが、家康はこれを慎重に扱い、「成敗《せいばい》(斬罪)」という天皇の意向を押さえ、若公家・官女を遠島《えんとう》などに処した。

一六一〇(慶長十五)年三月、天皇は、譲位の意向を家康に訴えるが、四月十八日、家康は武家伝奏に宛て、事実上は天皇に宛てた七カ条の条書を出した。第一条で、譲位は家康か秀忠のいずれかが上洛し奔走・世話しなくてはかなわぬであろうが、もし援助がなくとも今年中に行いたいというなら、なされるがよろしかろう、と威嚇した。

一六一一(慶長十六)年三月十七日、上洛した家康は、徳川家の祖とされる新《にっ》田義重《たよししげ》に鎮守府《ちんじゅふ》将軍の官を、家康の父広忠《ひろただ》に大納言《だいなごん》の官を贈るよう申し入れた。この申入れは即日勅許《ちょっきょ》された。二十七日、後陽成天皇から後水尾《ごみずのお》天皇▲へ譲位される。

▼**武家伝奏**　朝廷と幕府間の連絡・交渉のために朝廷に設けられた役職。

▼**後水尾天皇**　一五九六〜一六八〇。在位一六一一〜二九(慶長十六〜寛永六)年。名は政仁《ことひと》。後陽成天皇の跡を受け即位。徳川秀忠の娘和子を中宮《ちゅうぐう》とする。紫衣事件など幕府の朝廷政策に反発し、一六二九年、明正《めいしょう》天皇に譲位。学問・文芸に造詣が深い。

駿府城天守閣《てんしゅかく》(『東照社縁起《とうしょうしゃえんぎ》』)

一六一二(慶長十七)年六月、公家衆に対して、家々学問行儀を油断なく嗜むことと、放鷹《ほうよう》の禁止を武家伝奏を通じて命じ、慶長十八(一六一三)年六月十六日付で、公家衆法度《はっと》と紫衣《しえ》法度とを申し渡した。

一六一四(慶長十九)年三月八日、天皇は勅使《ちょくし》を駿府に派遣し、懸案だった秀忠の娘和子《まさこ》入内《じゅだい》を受諾することと、家康の太政《だいじょう》大臣昇進を伝えた。しかし家康は昇進の申出を受けず、かわりに秀忠の従一位《じゅいちい》右大臣叙任《じょにん》を望んだ。天皇はこの家康の要請に応え、さかのぼった三月九日付で秀忠の従一位右大臣叙任を勅許した。この結果、秀忠の位階《いかい》は秀頼《ひでより》の正二位《しょうにい》を越した。これまで秀頼上位で雁行してきた秀忠の官位がここで逆転する。

このように、天皇・公家、朝廷に関する件は、ほぼすべて家康のもとで処理され、将軍秀忠の姿はそこにはほとんどみえない。

寺院政策をみていこう。まず争論については、一六〇六年、修験《しゅげん》の近江飯道《おうみはんどう》寺《じ》と伊勢世義寺《いせせぎじ》とのあいだでの山伏《やまぶし》をめぐる争論を、一〇年には、法隆寺《ほうりゅうじ》の学侶《がくりょ》と堂衆《どうしゅう》との会式《えしき》をめぐる争論を、一二年には修験の本山派《ほんざん》▲と当山派《とうざん》▲の山伏の出入りをめぐる争論を、家康みずから裁許している。

▼**本山派**　聖護院《しょうごいん》を本山とする修験道《しゅげんどう》の一派。

▼**当山派**　醍醐寺三宝院《さんぼういん》を本山とする修験道の派。

徳川秀忠

寺院・僧侶に向けては、一六〇八(慶長十三)年八月以降、比叡山《ひえいざん》法度、成菩提院《じょうぼだいいん》法度、醍醐寺《だいごじ》・高野山衆徒《こうやさんしゅと》・東寺長者《とうじちょうじゃ》への法度、関東古義真言宗《こぎしんごんしゅう》法度、真言宗修験の大山寺《だいせんじ》への定《さだめ》、高野山寺中《じちゅう》法度、戸隠山《とがくしやま》法度、多武峰《とうのみね》法度、曹洞宗《そうとうしゅう》法度、興福寺《こうふくじ》法度、長谷寺《はせでら》法度、智積院《ちしゃくいん》法度、関東新義《しんぎ》真言宗法度、上野国榛名山《こうずけのくにはるなさん》への定をあいついで出した。これらは、秀忠ではなく家康によって出された。

外交については、東南アジアへの渡航朱印状《しゅいんじょう》は、秀忠が将軍襲職後も家康が発給し続け、外国への国書《こくしょ》もほぼすべて家康が出している。一六〇五年十二月に本多正純が明《みん》の福建道総督軍務部察院都御史《ふっけんどうそうとくぐんむぶさついんとぎょし》に宛てた書翰のなかには「日本国主 源《みなもとの》家康」と、家康を国主と明示している。

秀忠への権力移譲

以上述べてきたように、全国政策・大名への普請役賦課・朝廷関係・寺院法度・外交など多方面で、家康は多くの権限を掌握している。しかし、将軍秀忠の存在がまったく無視されたかといえば、そうではなく、秀忠への権限の移譲が、さまざまに進められていく。

秀忠への権限移譲は、将軍職を秀忠に譲ったことに始まるといえよう。将軍襲職後の秀忠に権限が大きく移されたのは、大名との関係においてである。諸大名は、家康への礼とともに秀忠への礼のため江戸に参勤《さんきん》し、主従関係を確認させられた。

大名の領知相続については、一六〇八(慶長十三)年三月、越後《えちご》国を領した堀《ほり》秀治《ひではる》の跡をめぐって、堀家側は家康に跡目相続の承認を求めるが、家康はみずからそれにあたらず、秀忠にそれを託し、跡を継いだ堀忠利《ただとし》に秀忠から安堵《あんど》状《じょう》を出させ、それを受けて家康は「越後国の儀、将軍より前々のごとく申付らる旨、満足せしめ候」という安堵状ではなく御内書《ごないしょ》▲を出した。その後も大名の跡目相続安堵は秀忠の権限とされた。一六一〇(慶長十五)年閏《うるう》二月には越後堀家家臣の訴訟を駿府城本丸《ほんまる》で秀忠とともに聞き、堀家から越後を召し上げ、翌三日にそれを六男の松平忠輝《まつだいらただてる》▲にあたえた。

一六一三(慶長十八)年二月、池田輝政《いけだてるまさ》の跡について、家康は秀忠の年寄土井《どい》利勝《としかつ》▲と相談し、輝政の跡は嫡男の利隆《としたか》が継ぎ、遺領のうち播磨《はりま》三郡を次男忠継《ただつぐ》

▲**御内書**　室町《むろまち》・江戸期に将軍家が出した書状形式の文書。

▲**松平忠輝**　一五九二～一六八三。父は家康。一五九九(慶長四)年長沢《ながさわ》松平氏を継ぎ、のち越後高《たか》田《だ》城主。一六一五(元和元)年不《ふ》行跡《ぎょうせき》により勘当、翌年配流される。

▲**土井利勝**　一五七三～一六四四。一五七九(天正七)年、徳川秀忠につけられ、のち秀忠側近の第一の地位を占める。秀忠死去後は徳川家光の年寄・老中《ろうじゅう》、大老《たいろう》となる。下総《しもうさ》古河《こが》藩主。

（督姫《とくひめ》の子）に分与と決した。十月には石見津和野《つわの》城主の坂崎直盛《さかざきなおもり》と伊予宇和島《いようわじま》城主の富田信高《とみたのぶたか》との争論を、秀忠とともに裁許し、富田の非として領知を召し上げた。

一六〇七（慶長十二）年閏四月八日に越前《えちぜん》福井の結城秀康《ゆうきひでやす》が死去した時、殉死《じゅんし》しようとした家臣に、まず十六日に秀忠がそれを禁じ、ついで二十四日に家康が同様の命《めい》を越前年寄中に出している。一六一二（慶長十七）年十一月二十八日、秀忠とともに江戸城西丸《にしのまる》にて、越前福井藩の付家老《つけかろう》本多富正《とみまさ》と家老の今村盛次《いまむらもりつぐ》・清水孝正《しみずたかまさ》とのあいだで起こった家中《かちゅう》騒動を裁き、十二月六日、秀忠より今村・清水を非分《ひぶん》（不当）とする裁定が出された。

一六一〇年六月、家康は九男義直《よしなお》の居城となる尾張名古屋《おわりなごや》城の普請を北国・九州・四国・中国の大名に命じ、三カ月後の九月には名古屋城普請は完了するが、前年の丹波篠山《たんばささやま》城普請、翌年の丹波亀山《かめやま》城普請は、家康の意向に基づいてであろうが、秀忠主導で行われた。

朝廷との関係では、秀忠は年頭の礼の使者を送ることはあっても、朝廷統制にかかわる案件には関与することはなかった。しかし一六一一（慶長十六）年の

▼**尚寧**　一五六四～一六二〇。琉球国王。一六〇六年に明《みん》皇帝から冊封《さくほう》を受ける。一六〇九（慶長十四）年、島津氏の琉球侵攻により捕虜となり、その後、琉球は島津氏の属国扱いとなる。

後陽成天皇の譲位、後水尾天皇の即位に際しては、家康はみずからは秀忠の名代《みょうだい》であるといい、秀忠の存在を強調した。また同時に在京の外様《とざま》大名二二人を二条《にじょう》城に集め、三カ条の条々を示し、それを誓約させるが、この条々の第一条目に「源頼朝《よりとも》以後、代々の将軍家が定めてきた法式を奉じ、江戸の将軍秀忠の法度をかたく守ること」と秀忠の存在を明示している。そして一六一二年正月十五日、秀忠はこの三カ条に「去年四月十二日、前右府《さきのうふ》（家康）様仰出《おおせいで》のごとく」という文言を加えて、東国《とうごく》大大名、関東・東国大名らに誓約させた。

寺社については、法度の制定、領知宛行《あてがい》のほとんどは家康の掌握下にあったが、一六〇八年七月、延暦寺《えんりゃくじ》に五〇〇〇石《ごく》を寄進《きしん》した折には、まず秀忠が、その後に家康が寄進状を出している。また一六〇九（慶長十四）年五月の聖護院《しょうごいん》への定は家康と秀忠とが連署《れんしょ》して出されている。同年十一月にも家康の法度を前提に東寺長者・高野山衆徒に掟書《おきてがき》を秀忠も出した。一方、禅宗《ぜんしゅう》寺院の公帖《くじょう》は、将軍襲職とともに秀忠が受け継いでいる。

朝鮮との関係は、秀吉の朝鮮出兵以来とだえていたが、一六〇七年五月に朝鮮からの使節が来朝したことで取りあえず回復する。この使節はまず秀忠のもとにいき、国書《こくしょ》を秀忠に呈し、その帰りがけに駿府の家康のもとを訪れている。

一六〇九年七月、家康は、島津家久《しまづいえひさ》から琉球《りゅうきゅう》平定の報を受け、琉球国を家久にあたえるが、翌年八月、家康が島津家久にともなわれてきた琉球王尚寧《しょうねい》▲を引見《いんけん》したあと、江戸で秀忠も引見している。また一六一二年九月、ゴア総督への返書を家康とともに秀忠も出している。

一六一三年十二月、大久保忠隣▲に「伴天連門徒《ばてれんもんと》」追放のため京都にのぼるよう命じるが、それにともなって崇伝▲に作成させた「伴天連追放文」は家康でなく秀忠の朱印状で出された。

大坂の陣

ここで秀頼との関係を振り返っておくと、家康が将軍となった一六〇三(慶長八)年二月以降は家康から秀頼への礼は消え、他方で翌年正月以降、秀頼から家康へ年頭の使者が送られるようになる。そしてこの年七月、秀頼(一一歳)と千姫《せんひめ》▲(七歳)の婚儀がととのう。

一六一一(慶長十六)年、後水尾天皇即位にあたって上洛した折、家康は秀頼

▼**大久保忠隣**　一五五三〜一六二八。三河の人。家康の側近くに仕え、年寄衆の一人。相模小田原《さがみおだわら》城主。秀忠の将軍襲職後は秀忠付の年寄となる。大久保長安の事件に絡んで改易され、近江に配流《はいる》。

▼**以心(金地院)崇伝**　一五六九〜一六三三。臨済僧。一六〇五(慶長十)年南禅寺《なんぜんじ》住持となる。一六〇八(慶長十三)年家康に招かれ駿府にいき、寺社行政、外交文書の作成などに携わったほか、武家諸法度・禁中并公家中諸法度などの起草にあたる。

▼**千姫**　一五九七〜一六六六。徳川秀忠の長女。一六〇三(慶長八)年、豊臣秀頼に嫁す。一六一五(元和《げんな》元)年の大坂夏の陣の時大坂城を脱出。翌年本多忠刻《ただとき》に嫁す。一六二六(寛永《かんえい》三)年忠刻没後、落飾《らくしょく》し天樹院《てんじゅいん》と称し江戸に帰り、江戸城内に住んだ。

を二条城に迎え、秀頼に対等の礼を勧めるが、秀頼は斟酌し、家康を御成《おなり》の間《ま》へ進め、礼が行われた。この会見は、翌日に家康の側近である本多正純▲が江戸の年寄衆に宛て「秀頼様、昨二十八日大御所様へ御礼仰せあげら」ると申し送ったように、秀頼の家康への「御礼」とされた。

一六一四(慶長十九)年、大坂の陣の直接の原因となる方広寺《ほうこうじ》鐘銘《しょうめい》事件▲が起こるが、ここでも大坂方との交渉は秀忠でなく家康が行った。こうしたなか、九月、在江戸の西国大名に家康・秀忠に別心表裏なしとの起請文をあげさせるが、その宛名は秀忠の年寄衆の本多正信・酒井忠世《さかいただよ》であった。

十月一日、所司代板倉勝重からの報を受けて、家康は「大坂出馬」を決断し、近江・伊勢・美濃・尾張・三河《みかわ》に陣触《じんぶれ》を出し、江戸の秀忠へも事を伝えた。そして十一日駿府を発ち、二十三日二条城に入る。

十一月十五日、家康は大坂城攻めのため二条城を発ち、十七日に住吉《すみよし》に陣を張る。一方、十日に上洛し伏見城に入った秀忠は、淀《よど》から平野《ひらの》に陣を進めた。冬の陣では、大坂城出丸《でまる》の真田丸《さなだまる》での戦闘を除くと、あまり大きな戦闘はない。十二月八日頃から和睦《わぼく》交渉が始まり、十八日に大坂城二の丸・三の丸の堀を埋

方広寺の鐘と鐘銘

▼**本多正純**　一五六五〜一六三七。三河の人。父は正信。家康に仕え、家康の大御所時代には駿府年寄の筆頭として重用される。家康死去後、秀忠の年寄となるが、一六二二(元和八)年改易《かいえき》される。

▼**方広寺鐘銘事件**　豊臣秀頼による方広寺大仏殿《だいぶつでん》再興に際し、鋳造された鐘の銘文に「国家安康《こっかあんこう》」「君臣豊楽《くんしんほうらく》」の文言があったことを家康がとがめ、大坂冬の陣の口実の一つにした事件。

め立てるなどの条件で講和《こうわ》がなる。この講和交渉も家康が主導するが、秀忠の存在がまったく無視されたわけではない。この講和に際し十二月二十日には家康が、翌日には秀忠も家康とほぼ同文の誓紙を書いた。誓紙の内容は、籠城の浪人はとがめなし、秀頼の領知はこれまでどおり、淀殿の江戸行きはなし、大坂開城の場合はいずれの国にても望み次第、秀頼に対し表裏はない、というものであった。二十二日には秀頼と淀殿から誓紙をとり、二十五日には茶臼山《ちゃうすやま》を発って二条城に戻った。

大坂夏の陣にあたっての大坂方との交渉も家康が行った。一六一五(慶長二十)年に入って、大坂では浪人たちを召し放たず弓箭《きゅうせん》の用意をしていると聞いた家康は、秀頼に大和か伊勢かを進めるので大坂城を明け渡すよう求めた。秀頼からは国替えは赦してほしいといってきたが、家康はそれを「是非なき次第」と退けた。そして四月十八日に二条城へ、秀忠も二十一日に伏見城に入った。五月五日に二条城を出て河内《かわち》筋を大坂へ向かい、六日には河内平岡《ひらおか》に陣を進めた。

この夏の陣での本格的な戦闘は、家康出陣の翌日と翌々日の二日行われたにすぎない。しかし、この陣に参加した軍勢は、徳川方一五万五〇〇〇人、豊臣方五万五〇〇〇人であり、大規模なものであった。

翌七日寅刻《とらのこく》(午前四時)、家康は平野天神森《てんじんもり》に進んだ。茶臼山辺で巳刻《み》(午前一〇時)に合戦《かっせん》が始まり、一時真田信繁《のぶしげ》▲が家康の本陣に突入し、徳川方を混乱におとしいれたが、越前の松平忠直《まつだいらただなお》▲の兵に討たれた。松平忠直の隊は、城内に乗り込み本丸を占領した。申刻《さる》(午後四時)、秀頼家臣の大野治長《おおのはるなが》が秀頼夫人である秀忠の娘千姫を城から脱出させ、家康の陣に遣わし、秀頼母子の助命を願った。しかしかなわず、八日正午すぎ秀頼は二三歳の命をみずから絶った。秀頼の母淀殿も同時に自害した。これを見届けた家康は同日大坂を発ち、戌刻《いぬ》(午後八時)に二条城へ入った。

このように家康は、大坂冬・夏の陣の軍事指揮権を基本的には握っていた。

閏六月十三日、おもには西国大名を対象として、一国一城令《いっこくいちじょうれい》が出される。この一国一城令は家康ではなく秀忠の年寄衆が連署した。ここには、秀忠に権力を移譲するための家康の配慮がみられる。

七月七日、伏見城に諸大名が集められ、家康の命で崇伝が起草した「武家諸法度」が申し渡された。第一条に「武士たる者は、文武弓馬の道に励むべきこ

▼**真田信繁(幸村《ゆきむら》)**　一五六七〜一六一五。信濃《しなの》の人。父は昌幸《まさゆき》。関ヶ原の戦いには父とともに信濃上田《うえだ》城にあって徳川秀忠の軍を足止めにする。戦い後、高野山麓の九度山《くどやま》に入る。大坂の陣では大坂城に入るが、夏の陣で敗死。

▼**松平忠直**　一五九五〜一六五〇。父は結城秀康。越前福井藩主。一六〇七(慶長十二)年襲封。大坂夏の陣で真田信繁(幸村)を破るなど戦功をあげる。しかしそれに応えた加増もなかったことに憤懣をもち、乱行が続き、一六二三(元和九)年改易、豊後《ぶんご》萩原《はぎわら》に配流される。

と」をおき、群飲佚遊《ぐんいんいつゆう》の禁止、法度違反者の扱い、他国者の領内居住・居城普請・婚姻の禁止、参勤作法、衣服・乗輿の制、倹約をあげ、最後の第一三条を「国主政務の器用を選ぶべきこと」で締めている。ここで注意されるのが、この法度は家康ではなく秀忠の名で出されており、ここにも秀忠への権限移譲とともにその強化がはかられている。

七月十三日、「元和《げんな》」へと改元された。十七日に家康は、二条城に武家伝奏を召し、「禁中 并《きんちゅうならびに》 公家中諸法度」を、この月の終りに関白《かんぱく》に復帰する二条昭実《にじょうあきざね》、および将軍秀忠との三者連名で申し渡した。ここでは、秀忠単独ではない。

第一条は「天子《てんし》諸芸能之事、第一御学問也」で始まり、第二条以下で、大臣と親王との座位《ざい》、大臣・摂関《せっかん》の叙任、養子の資格、第八条では改元、天皇・仙《せん》洞《とう》・親王・公家の服装規定、諸家の昇進、関白・武家伝奏らの命令に背く者は流罪《るざい》、罪の軽重の基準、親王門跡《もんぜき》と摂家《せっけ》門跡の座位、僧正《そうじょう》・門跡の叙任、紫衣の寺の住持職《じゅうじ》、上人号《しょうにん》について定めるが、第七条で武家の官職と公家の官職を分け、武家・公家に同一の官職のものがあってもかまわないと規定したことは注目される。

▼**群飲佚遊**　多くの人が集まり酒を飲み気ままに遊ぶこと。

▼**器用**　才能のある者。

▼**仙洞**　退位した上皇《じょうこう》の居所。また上皇の名称。

▼**紫衣**　紫色の袈裟《けさ》・法服。天皇の許可を受けた高僧が着用した。

遺領相続については秀忠の権限下におかれていたが、大坂冬の陣前の一六一四年正月、加賀前田《かがまえだ》家の遺領相続については、家康がさきに安堵状を出し、それを受けて秀忠も安堵状を出している。大坂夏の陣後には井伊直孝《いいなおたか》・藤堂高虎《とうどうたかとら》への加増を家康が先行して行い、それを受けて秀忠の判物《はんもつ》が出された。このように知行安堵・宛行権は潜在的には家康が掌握していたことになる。

寺社に対しては閏六月、浄土宗《じょうどしゅう》法度、七月、真言宗法度・高野山衆徒法度・五山十刹《ござんじっさつ》諸山之諸法度・大徳寺《だいとくじ》諸法度・妙心寺《みょうしんじ》諸法度・永平寺《えいへいじ》諸法度・總《そう》持寺《じじ》諸法度・浄土宗諸法度・浄土西山《せいざん》派《は》諸法度を出した。これは家康単独である。また、家康は九月十日、六男松平忠輝が秀忠の侍臣《じしん》を切るなどした、その驕慢の罪を問い、勘当する。

十二月四日、江戸を発ち駿府に向かう途中で三島《みしま》近くの泉殿《いずみどの》に隠居所を造営し来春隠居すると宣言するが、翌年正月に中止された。この頃、家康は、秀忠の後継者と決めた秀忠の嫡男家光をともない、翌年四月に上洛し参内《さんだい》する意向を示していた。しかし、この上洛・参内は、家康の病と死によって実現しなかった。

「ゆるゆるとてんかおわたし」

一六一六(元和二)年正月二十一日、家康は駿河田中《たなか》に鷹野《たかの》に出かけたところ、その夜遅く痰が詰まり、床に伏した。二十二日には回復するが、しばらく田中に滞在し、二十五日に駿府へ戻った。

秀忠は、家康の病気を気遣い、年寄衆の安藤重信《しげのぶ》や土井利勝を駿府に派遣し、ついで二月二日にはみずから駿府を訪れ、その後、家康の死までの二カ月余りを駿府にとどまった。

家康の病気を聞いた後水尾天皇は、二月十一日、諸寺社に家康の病気平癒の祈禱《きとう》を命じ、勅使として武家伝奏二人を駿府に派遣した。家康は三月十七日に勅使と対面し、申し出られた太政大臣推任を受けると返答。武家伝奏から奏請《そうせい》を受けた天皇は、三月二十一日に家康を太政大臣に任じた。そして二十七日に両武家伝奏から家康に披露された。

太政大臣任官を受諾した十七日、家康は秀忠を側に呼び、次のように申し渡したという。

とかくこの御わつらい(煩)にて御はて(果)てなされ候ハんとおほしめし(思召)候、かやう

ニゆる〳〵とてんか(天下)おわたし被成事、ひとゑニ御まんそく(満足)ニおほしめし、
　御のこし(残)なされ候事なく候、

この引用部分は駿府に詰めていた土佐山内《とさやまうち》氏の家臣が国元《くにもと》に送った書状の一部であり、家康を敬う表現になっているが、「このわずらいにて果てると思うが、このようにゆるゆると天下を渡せたのは満足であり、思い残すことはない」が大意である。「ゆるゆる」という言葉には、病に伏せってからの日々をさすともとれるが、むしろ秀忠へ将軍職を譲って以降の長い日々の意ととりたい。そして譲るのが「将軍職」ではなく「天下」としているところに家康の万感の思いと、この時代の特質が示されていよう。

四月二日、家康は本多正純・南光坊天海・金地院崇伝を枕許に呼び、「死後に遺体は駿河久能山《くのうさん》▲に葬り、葬礼は江戸の増上寺《ぞうじょうじ》で行い、位牌は三河の大樹寺《だいじゅじ》に立てるよう命じ、最後に一周忌がすぎたら、下野国日光《しもつけのくににっこう》に小堂を建てて勧請《かんじょう》せよ、『関東八州の鎮守《ちんじゅ》』となるであろう」と申し渡した。そして四月十七日巳刻、死去した。享年七五。

日光への改葬(『東照社縁起』)

▼久能山　静岡市東部の有度山《うどさん》の南麓にある山。久能山東照宮がある。

写真所蔵・提供者一覧(敬称略，五十音順)

出光美術館　p. 88
大阪城天守閣　p. 68下
岐阜市歴史博物館　カバー表
京都大学文学研究科図書館　p. 14上
熊野大社所蔵・松江歴史館提供　p. 37
国立公文書館　扉
駒澤大学図書館　p. 25
西福寺／学研フォトアーカイブス　p. 95
西蓮寺　p. 14中
佐賀県立名護屋城博物館提供　p. 68上(佐賀県重要文化財)
相国寺所蔵・承天閣美術館提供　p. 87
大宝寺所蔵・福井県提供　p. 49
知恩院所蔵・京都国立博物館提供　カバー裏
東京国立博物館・Image：TNM Image Archives　p. 30, 54
徳川ミュージアム所蔵©徳川ミュージアム・イメージアーカイブ／DNPartcom　p. 14下
名古屋市　p. 9
南明院　p. 39
日光東照宮　p. 89, 93, 106
フォトライブラリー　p. 20
袋井市歴史文化館提供　p. 46
方広寺(撮影：佐藤英世)　p. 100
三井記念美術館　p. 43
柳堂勝蓮寺　p. 23
米沢市上杉博物館　p. 19
楞嚴寺所蔵・刈谷市歴史博物館提供　p. 6

参考文献

相田文三「徳川家康の居所と行動(天正10年 6 月以降)」藤井讓治編『織豊期主要人物居所集成』思文閣出版, 2011年
朝尾直弘『将軍権力の創出』岩波書店, 1994年
跡部信『豊臣政権の権力構造と天皇』戎光祥出版, 2016年
池上裕子『織田信長』吉川弘文館, 2012年
遠藤珠紀「徳川家康前半生の叙位任官」『日本歴史』803号, 2015年
大西泰正『前田利家・利長――創られた「加賀百万石」伝説』平凡社, 2019年
笠谷和比古『徳川家康――われ一人腹を切て, 万民を助くべし』ミネルヴァ書房, 2016年
笠谷和比古編『徳川家康――その政治と文化・芸能』宮帯出版社, 2016年
神田千里『織田信長』ちくま新書, 2014年
北島正元『徳川家康――組織者の肖像』中公新書, 1963年
北島正元『江戸幕府の権力構造』岩波書店, 1964年
桑田忠親『徳川家康』秋田書店, 1979年
柴裕之『徳川家康――境界の領主から天下人へ』平凡社, 2017年
新行紀一『一向一揆の基礎構造――三河一揆と松平氏』吉川弘文館, 1975年
竹井英文『織豊政権と東国社会――「惣無事令」論を越えて』吉川弘文館, 2012年
徳川義宣『新修徳川家康文書の研究』吉川弘文館, 1983年
徳川義宣『新修徳川家康文書の研究』第二輯, 吉川弘文館, 2006年
中野等『石田三成伝』吉川弘文館, 2017年
中村孝也『徳川家康文書の研究』日本学術振興会, 1958〜61年
中村孝也『徳川家康公伝』東照宮社務所, 1965年
中村孝也『家康の族葉』講談社, 1965年
橋本政宣『近世公家社会の研究』吉川弘文館, 2002年
平野明夫『三河松平一族』新人物往来社, 2002年
平野明夫『徳川権力の形成と発展』岩田書院, 2006年
福田千鶴『豊臣秀頼』吉川弘文館, 2014年
藤井讓治『江戸開幕』集英社, 1992年
藤井讓治『日本近世の歴史 1　天下人の時代』吉川弘文館, 2011年
藤井讓治編『織豊期主要人物居所集成』思文閣出版, 2011年
藤井讓治『天皇の歴史 5　天皇と天下人』講談社, 2011年
藤井讓治『戦国乱世から太平の世へ』岩波新書, 2015年
藤井讓治『徳川家康』吉川弘文館, 2020年
藤井讓治『天下人秀吉の時代』敬文舎, 2020年
藤木久志『豊臣平和令と戦国社会』東京大学出版会, 1985年
藤田達生『日本近世国家成立史の研究』校倉書房, 2001年
藤田恒春『豊臣秀次の研究』文献出版, 2003年
二木謙一『徳川家康』ちくま新書, 1998年
本多隆成『定本徳川家康』吉川弘文館, 2010年
本多隆成『徳川家康と武田氏――信玄・勝頼との十四年戦争』吉川弘文館, 2019年
三鬼清一郎『豊臣政権の法と朝鮮出兵』青史出版, 2012年
矢部健太郎『豊臣政権の支配秩序と朝廷』吉川弘文館, 2011年

1593	文禄2	52	*8-3* 秀頼誕生。*8-29* 名護屋より大坂へ帰還
1594	3	53	*9-* 拠点を京都から伏見に移す
1595	4	54	*7-8* 秀次事件。*8-3*「御掟」「御掟追加」
1596	慶長元	55	*5-11* 正二位内大臣に叙任
1598	3	57	*8-18* 秀吉死去，以降「五大老」の一人として政務にあたる
1599	4	58	閏*3-3* 加藤清正ら7人の武将が石田三成襲撃を企てる。閏*3-10* 三成，佐和山へ退去。閏*3-13* 伏見向島から伏見城西丸に入る。*4-16*「豊国大明神」の神号勅許。*9-26* 大坂城西丸に入る
1600	5	59	*3-16* オランダ船リーフデ号の船長クワケルナック，ヤン＝ヨーステン，ウイリアム＝アダムスらを大坂城で引見。*6-16* 上杉攻めに大坂出陣。*7-11* 石田三成ら蜂起。*7-17* 大坂奉行衆別心。*7-25*「小山評定」。*9-1* 江戸出陣。*9-15* 関ヶ原の戦い。*9-20* 大津城に入る。*12-19* 九条兼孝関白任
1601	6	60	*1-* 東海道宿駅の伝馬を整備。*3-23* 大坂から伏見に移る。*9-* 板倉勝重・加藤喜左衛門を所司代に任
1602	7	61	*1-6* 従一位叙。*5-1* 諸大名に二条城の普請を命じる。*6-1* 諸大名に伏見城の修築を命じる
1603	8	62	*2-12* 征夷大将軍任
1604	9	63	*5-3* 糸割符制導入。*8-14・15* 豊国社臨時祭。*8-* 諸大名に郷帳・国絵図の作成を命じる
1605	10	64	*4-16* 秀忠，征夷大将軍任。大御所と称される
1606	11	65	*3-20* 駿府を退隠の地とする
1607	12	66	*5-20* 朝鮮との国交回復。*7-3* 駿府城へ移徙。*12-22* 駿府城焼失
1608	13	67	*3-1* 再建された駿府城へ移る
1609	14	68	*6-28* 己酉約条。*6-* 官女密通事件。*12-6* グラッサ号みずから爆沈，ポルトガルと断交
1610	15	69	*6-3* 大名助役で尾張名古屋城の普請開始
1611	16	70	*3-27* 後陽成天皇譲位。*3-28* 豊臣秀頼と二条城で会見。*4-12* 後水尾天皇即位，在京の外様大名から誓紙をとる
1612	17	71	*3-21* 岡本大八事件，キリスト教禁止
1613	18	72	*6-6*「公家衆法度」「紫衣法度」。*12-23*「伴天連追放文」
1614	19	73	*3-9* 秀忠，従一位右大臣に叙任。*7-26* 方広寺鐘銘事件。*10-13* 宣教師・信徒たちをマカオ・マニラへ追放。*11-15* 二条城を出陣(大坂冬の陣)
1615	元和元	74	*5-5* 二条城を出陣(大坂夏の陣)。*5-8* 秀頼・淀殿自害。閏*6-13*「一国一城令」。*7-7*「武家諸法度」。*7-17*「禁中并公家中諸法度」。*7-24*「諸宗寺院法度」
1616	2	75	*1-21* 駿河田中に鷹野に出，発病。*3-21* 太政大臣任。*4-17* 死去。*9-16*「東照大権現」の神号勅許

徳川家康とその時代

西暦	年号	齢	おもな事項
1542	天文11	1	*12-26* 家康誕生。父は松平広忠，母は水野忠政の娘於大
1544	13	3	於大，広忠と離縁
1547	16	6	駿府へ人質として送られる途中奪われ織田氏の人質となる
1549	18	8	*3-6* 松平広忠没。*11-* 織田・今川の人質交換で駿府へ
1555	弘治元	14	*3-* 元服。今川義元の1字をあたえられ，松平元信と称す
1560	永禄3	19	*5-19* 桶狭間の戦いで今川義元敗死。*5-23* 岡崎に帰還
1561	4	20	*4-11* 今川氏と三河牛久保で戦い，今川氏から離れる
1563	6	22	*9-* 三河一向一揆勃発。10月24日までに家康と改名
1565	8	24	*5-19* 足利義輝，殺害される。この年三河平定
1566	9	25	*12-29* 従五位下三河守に叙任。徳川を称す
1568	11	27	*9-26* 織田信長，足利義昭を奉じて入京
1570	元亀元	29	*3-* 上洛。*4-2* 朝倉攻めに参陣。*6-28* 姉川の戦いに参陣
1571	2	30	*9-4* 信長，比叡山焼討ち
1572	3	31	*12-22* 三方ヶ原の戦いで武田軍に敗れる
1573	天正元	32	*4-12* 武田信玄死去。*7-18* 室町幕府倒壊
1574	2	33	*6-17* 遠江高天神城が武田方に奪われる
1575	3	34	*5-21* 長篠の戦い
1576	4	35	*4-23* 信長，安土城に移徙
1579	7	38	*8-29* 正室築山殿を殺害。*9-15* 嫡男信康自刃
1581	9	40	*3-22* 高天神城を奪還
1582	10	41	*2-18* 信長の甲信侵攻にともない甲斐に向け出陣。*3-29* 信長から駿河をあたえられる。*6-2* 本能寺の変。同日堺を発ち5日までに岡崎着。*6-13* 山崎の戦い。*7-* 甲斐に出陣。*10-29* 北条氏と同盟
1583	11	42	*4-20* 賤ヶ岳の戦い
1584	12	43	*3-* 小牧・長久手の戦い。*11-11* 和睦
1585	13	44	*7-11* 秀吉関白任。*11-13* 石川数正，秀吉の元へ立ち退く。*11-19* 秀吉，「家康成敗」を表明
1586	14	45	*1-27* 秀吉と家康和睦。*5-14* 朝日姫を浜松に迎え婚儀。この時，天正12年2月27日付で従三位参議に叙任。*10-27* 大坂城で秀吉に拝謁。*11-5* 正三位中納言に叙任。*11-7* 正親町天皇譲位。*11-25* 後陽成天皇即位
1587	15	46	*8-8* 従二位権大納言に叙任
1588	16	47	*4-14* 後陽成天皇の聚楽行幸。*4-15* 誓紙を秀吉に提出
1589	17	48	*7-7* これ以降7カ条の郷村法令を三河・遠江などに出す
1590	18	49	*2-10* 小田原北条攻めに向け駿府を発つ。*7-13* 関東転封
1591	19	50	*9-4* 九戸一揆鎮圧。*12-28* 豊臣秀次関白任
1592	文禄元	51	*3-17* 京都を発し肥前名護屋へ。*6-* 秀吉の渡海延期を諫言。*7-22* 秀吉留守を前田利家とともにあずかる。*8-* 秀吉伏見を隠居所と定める

藤井讓治(ふじい　じょうじ)
1947年生まれ
京都大学大学院文学研究科博士後期課程単位修得退学
専攻，日本近世史
現在，京都大学名誉教授，京都大学博士(文学)
主要著書
『幕藩領主の権力構造』(岩波書店2002)
『天皇の歴史５　天皇と天下人』(講談社2011)
『戦国乱世から太平の世へ』(岩波新書2015)
人物叢書『徳川家康』(吉川弘文館2020)
『近世初期政治史研究』(岩波書店2022)

日本史リブレット人 046
徳川家康《とくがわいえやす》
時々を生き抜いた男

2021年４月25日　１版１刷　発行
2022年12月25日　１版２刷　発行

著者：藤井《ふじい》讓治《じょうじ》

発行者：野澤武史

発行所：株式会社 山川出版社

〒101－0047　東京都千代田区内神田１－13－13
電話 03(3293)8131(営業)
03(3293)8135(編集)
https://www.yamakawa.co.jp/
振替 00120-9-43993

印刷所：明和印刷株式会社

製本所：株式会社 ブロケード

装幀：菊地信義＋水戸部功

Printed in Japan ISBN 978-4-634-54846-6

日本史リブレット 人

1 卑弥呼と台与——仁藤敦史
2 倭の五王——森 公章
3 蘇我大臣家——佐藤長門
4 聖徳太子——大平 聡
5 天智天皇——須原祥二
6 天武天皇と持統天皇——義江明子
7 聖武天皇——寺崎保広
8 行基——鈴木景二
9 藤原不比等——坂上康俊
10 大伴家持——鐘江宏之
11 桓武天皇——西本昌弘
12 空海——曾根正人
13 円仁と円珍——平野卓治
14 菅原道真——大隅清陽
15 藤原良房——今 正秀
16 宇多天皇と醍醐天皇——川尻秋生
17 平将門と藤原純友——下向井龍彦
18 源信と空也——新川登亀男
19 藤原道長——大津 透
20 清少納言と紫式部——丸山裕美子
21 後三条天皇——美川 圭
22 源義家——野口 実
23 奥州藤原三代——斉藤利男
24 後白河上皇——遠藤基郎
25 平清盛——上杉和彦
26 源頼朝——高橋典幸
27 重源と栄西——久野修義
28 法然——平 雅行
29 北条時政と北条政子——関 幸彦
30 藤原定家——五味文彦
31 後鳥羽上皇——杉橋隆夫
32 北条泰時——三田武繁
33 日蓮と一遍——佐々木馨
34 北条時宗と安達泰盛——福島金治
35 北条高時と金沢貞顕——永井 晋
36 足利尊氏と足利直義——山家浩樹
37 後醍醐天皇——本郷和人
38 北畠親房と今川了俊——近藤成一
39 足利義満——伊藤喜良
40 足利義政と日野富子——田端泰子
41 蓮如——神田千里
42 北条早雲——池上裕子
43 武田信玄と毛利元就——鴨川達夫
44 フランシスコ＝ザビエル——浅見雅一
45 織田信長——藤田達生
46 徳川家康——藤井讓治
47 後水尾院と東福門院——山口和夫
48 徳川光圀——鈴木暎一
49 徳川綱吉——福田千鶴
50 渋川春海——林 淳
51 徳川吉宗——大石 学
52 田沼意次——深谷克己
53 遠山景元——藤田 覚
54 酒井抱一——玉蟲敏子
55 葛飾北斎——大久保純一
56 塙保己一——高埜利彦
57 伊能忠敬——星埜由尚
58 近藤重蔵と近藤富蔵——谷本晃久
59 二宮尊徳——舟橋明宏
60 平田篤胤と佐藤信淵——小野 将
61 大原幽学と飯岡助五郎——高橋 敏
62 ケンペルとシーボルト——松井洋子
63 小林一茶——青木美智男
64 鶴屋南北——諏訪春雄
65 中山みき——小澤 浩
66 勝小吉と勝海舟——大口勇次郎
67 坂本龍馬——井上 勲
68 土方歳三と榎本武揚——宮地正人
69 徳川慶喜——松尾正人
70 木戸孝允——一坂太郎
71 西郷隆盛——德永和喜
72 大久保利通——佐々木克
73 明治天皇と昭憲皇太后——佐々木隆
74 岩倉具視——坂本一登
75 後藤象二郎——村瀬信一
76 福澤諭吉と大隈重信——池田勇太
77 伊藤博文と山県有朋——西川 誠
78 井上馨——神山恒雄
79 河野広中と田中正造——田崎公司
80 尚泰——川畑 恵
81 森有礼と内村鑑三——狐塚裕子
82 重野安繹と久米邦武——松沢裕作
83 徳富蘇峰——中野目徹
84 岡倉天心と大川周明——塩出浩之
85 渋沢栄一——井上 潤
86 三野村利左衛門と益田孝——森田貴子
87 ボワソナード——池田眞朗
88 島地黙雷——山口輝臣
89 児玉源太郎——大澤博明
90 西園寺公望——永井 和
91 桂太郎と森鷗外——荒木康彦
92 高峰譲吉と豊田佐吉——鈴木 淳
93 平塚らいてう——差波亜紀子
94 原敬——季武嘉也
95 美濃部達吉と吉野作造——古川江里子
96 斎藤実——小林和幸
97 田中義一——加藤陽子
98 松岡洋右——田浦雅徳
99 溥儀——塚瀬 進
100 東条英機——古川隆久

〈白ヌキ数字は既刊〉